제주여행

제주작가

제주작가, 제주여행

10명의 예술가, 10가지 테마로 만나는 제주

글   부현일 외
사진   허경희

초판 1쇄 발행   2015년 8월 1일

펴 낸 곳   인문산책
펴 낸 이   허경희
기획이사   박선욱

주   소   경기도 파주시 탄현면 헤이리마을길 76-30 1층 우측
전화번호   031-949-9792
팩스번호   031-949-9793
전자우편   inmunwalk@naver.com
출판등록   2009년 9월 1일

ISBN 978-89-98259-15-0 03910

이 도서의 국립중앙도서관 출판예정도서목록(CIP)은 서지정보유통지원시스템 홈페이지
(http://seoji.nl.go.kr)와 국가자료공동목록시스템(http://www.nl.go.kr/kolisnet)에서
이용하실 수 있습니다.(CIP제어번호: CIP2015019830)

10명의 예술가, 10가지 테마로 만나는 제주

제주작가 제주여행

인문산책

제주 예술가들의 예민한 감성을 통한 제주여행

제주는 아름다운 섬이다. 올레 걷기여행으로 그동안 제주의 아름다움은 많은 이들의 공감을 이끌어왔다. 180만 년 전 화산 활동이 시작되면서 80여 차례의 화산 분출로 한라산과 360개의 오름이 형성된 제주는 이제 유네스코 세계자연유산에 등재되어 세계인이 사랑하는 섬이 되었다. 하지만 제주의 아름다움을 관광 차원으로만 접근하면 그 진면목을 느끼기는 쉽지 않다. 이 책의 기획은 관광지라는 제주의 이미지를 벗고 물, 바람, 공기, 빛이 만들어내는 제주의 아름다움을 느끼기를 바라는 마음에서 시작되었다.

인도미술사학자 하진희 박사님은 7년 전 제주에 정착하였고, 몇 권의 저술 출판을 계기로 하 박사님과의 인연이, 그리고 제주와의 인연이 시작되었다. 늘 일을 마치고 돌아오는 길에는 언젠가 제주에 관한 책을 기획해보리라고 마음먹었지만, 쉽게 엄두를 낼만한 일은 아니었다. 그러다가 올해 안식년 같은 시간이 찾아왔다.

먼저 문화예술인들의 삶을 제주여행과 어떻게 결합해야 할지를 정해야 했다. 그리고 작가 선정에도 심혈을 기울여야 했다. 시작은 하 박사님 주변의 문화예술인들을 중심으로 의견을 나누게 되었다. 다양한 분야의 작가들 중에서도 미술 분야가 많은 이유는 아무래도 제주의 색깔을 독특한 화법으로 풀어내는 작업을 하고 있기 때문일 것이다. 서양화와 한국화, 도예, 그리고 사진과 건축 관련 분야가 구성되면서 제주를 다양한 시각에서 소개할 수 있게 되었다.

선정된 문화예술가 10명의 색깔을 잡고 제주를 10가지 테마로 나누어 보았다. 미술관, 오름, 공원, 숲과 돌담길, 산과 바다, 서귀포 칠십리, 화산섬, 해안도로, 현대건축, 신화와 역사 등으로 나누고 보니 제주의 많은 지역이 한 권의 책 속으로 들어왔다. 물론 제주에는 더 많은 예술가와 아름다운 지역들이 곳곳에 숨어 있다. 일일이 이름을 거론할 수는 없지만 일을 진행하면서 많은 예술가들을 만나게 되었고, 그들로부터 제주에 대한 많은 이야기들을 전해들을 수 있었다. 지면의 한계와 여러 현실적 여건으로 모든 분들을 소개하지 못하는 점에 대해서 널리 양해를 구한다.

제주는 또한 1만 8천 신들의 신화, 항몽과 4·3항쟁의 역사, 그리고 척박한 지역을 일구며 살았던 제주 사람들의 스토리가 살아 있는 배움터이기도 하다. 풍부한 자연이 있고, 그 자연 속에서 살아가는 사람들의 이야기가 있는 제주는, 그래서 더욱더 오래오래 사랑 받을 수 있는 곳으로 남았으면 좋겠다. 제주 예술가들이 느낀 예민하고 날카로운 감성을 통해 제주를 새롭게 느낄 수만 있다면 우리의 제주여행은 더욱더 풍부한 삶의 한 부분으로 자리 잡을 것이다. 관광으로 만들어진 제주의 이미지를 벗겨내고 부디 물, 바람, 공기, 빛으로 만나는 시간이 되기를, 그래서 우리의 원초적 감성을 되찾을 수 있는 기회가 되기를, 그 감성으로 일상에 활력을 불어넣기를 기대한다.

끝으로 이 책을 위해 애써주신 모든 분들에게 감사의 마음을 전한다.

제주 지역 구분 지도

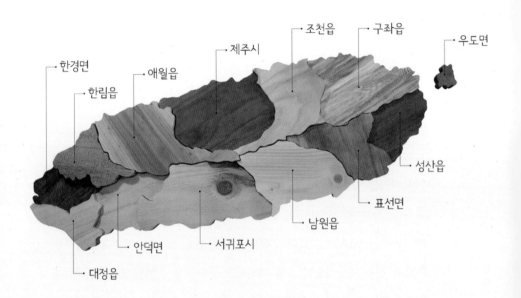

1. 위의 지도는 '물고기나무 게스트하우스' 조경아 작가의 제주 지도 작품이다.

2. 이 책에서는 각 지역의 주소를 도로명 주소가 아닌 지번 주소로 표기하였다.
   이는 제주의 지역적 위치를 쉽게 이해하기 위한 편의상의 표기이다.

차귀도

마라도

비양도
한림 해변
협재 해변

1132

가파도

형제섬

1120

생각하는 정원
한림공원
금능·협재

용머리 해안
사계리

제주현대미술관
저지문화예술인마을

애월항

고내포구 다락쉼터
구엄포구 돌염전

다락쉼터

산방산
이호테우 해변

보롬왓
낙천리 아홉굿 마을

1135

산양곶
오설록

이승이악

제주도립미술관

1117

1139

관덕정
제주목관아
제주민속자연사박물관

대평포구 박수기정
주상절리

1115

다음
스페이스·원

한라산

동문화공원

용두암·용연

대포해안 주상절리대

외돌개

1131

사라봉

함덕 동화같은민박

올레시장

용머리 해안

화순항

1119

1118

사려니 숲

신풍목장

97

북촌 돌하르방공원

월정리 해변

가파

1136

사려니 숲

제주민속촌

남원 큰엉 해안경승지

아부오름

용눈이오름

다랑쉬오름
동글카페

비자림

1112

가문오름

1119

방잇이오름

다랑쉬오름
시바공원

아부오름

이승이
광치기 해변

성산일출봉
지니어스 로사이
글라스하우스

우도

차례

검은 제주의 깊이는 우주와 닮았다

김연숙

제주에서 태어나 이화여자대학교 미술대학 서양화과를 졸업한 후 제주대학교 교육대학원에서 미술교육을 전공하였다. 제주시 조천읍 선흘리에 개인 작업실을 두고 〈거문오름으로부터〉, 〈거문오름의 시간〉, 〈거문오름을 그리다〉 등 거문오름 연작을 통해 제주의 빛깔을 표현하는 작업에 몰두하고 있다. 제주도 미술대전과 대한민국미술대선 등에서 수상히였으며, 국립현대미술관 미술은행·제주도 문화예술진흥원·서귀포시 기당미술관·제주현대미술관·제주도립미술관 등에 작품이 소장되었다. 현재 제주도립미술 관장으로 재임하고 있다.

그녀는 거문오름 위로 펼쳐진 하늘에 주목했다.

상서로운 빛으로 가득한 하늘,

이상야릇한 변화의 기운은

어떤 우주에서 펼쳐질 사건의 징후를 암시하는 듯하다.

그것은 마음의 울림이자 그것에 반사된 오름의 울음과 같다.

화산섬 제주 탄생 시기에

'태초의 기운은 아마도 이랬을 것이다'라고

말하고 있는 것 같다.

〈꽃들은 어디로 가나〉, 259×194cm, 캔버스에 아크릴, 2014

〈거문오름 가는 길〉, 91×116.7cm, 캔버스에 아크릴, 2011

김연숙은 거문오름을 주제로 한 일련의 작품들을 발표해 왔다. 〈거문오름 가는 길〉 시리즈의 작품은 그의 세계관을 깨닫게 한다. 거문오름은 지하세계로 가는 길목이다. 거문오름 용암동굴이 2007년 한라산·성산일출봉과 함께 세계자연유산으로 등재되면서 명소가 됐지만, 김연숙에게는 우주로 통하는 지하의 문과도 같았다. 끝 모를 깊이의 신비한 스타게이트다. 그 스타게이트를 둘러싼 제주의 자연은 그냥 제주가 아니라 우주의 한 장소가 되고 있다. 또 그녀는 거문오름 위로 펼쳐진 하늘에 주목했다. 상서로

〈거문오름 가는 길〉, 116.8×90cm, 캔버스에 아크릴, 2012

작가가 직접 페인트로 칠한 선흘리 작업실

운 빛으로 가득한 하늘, 이상야릇한 변화의 기운은 어떤 우주에서 펼쳐질
사건의 징후를 암시하는 듯하다. 그것은 마음의 울림이자 그것에 반사된
오름의 울음과 같다.

　예술이 미와 추를 함께 안을 때 증폭 효과는 더욱 커진다. 김연숙은 감
성에 크게 기대어 마치 꿈속의 풍경인 듯 현실에서 환기작용을 거듭한다.
그녀에게 기억이란 자연에서 얻은 기운들의 집합이다. 그녀의 신비로운 비
현실적 암시는 보색에 의한 원시성, 선묘에 의해 역사 이전의 시간을 구축
하면서 제주라는 공간의 신화적 배경이 되고 있다. 화산섬 제주 탄생 시기
에 '태초의 기운은 아마도 이랬을 것이다'라고 말하고 있는 것 같다.

〈봄 꿈〉, 162.2×130.3cm, 캔버스에 아크릴, 2014

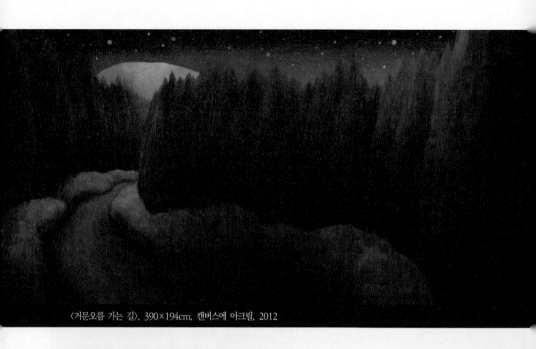

〈거문오름 가는 길〉, 390×194cm, 캔버스에 아크릴, 2012

선흘리 작업실에서 작품에 열중하고 있는 작가

〈거문오름 가는 길〉, 162.1×130.3cm, 캔버스에 아크릴, 2011

그의 작품들은 천만 개의 반딧불이가 마치 빛의 폭포처럼 한꺼번에 솟구치기도 하고 다시 역류하는 장관을 보여준다. 그것은 마치 유성들의 무리가 하늘에서 우주 쇼를 펼치는 것과 같다. 반딧불이 무리는 멀어질수록 오로라처럼 보이고 가까울수록 꽃의 낙화와 같다. 하나, 둘, 셋…열이 아닌 엄청난 무리, 그 공동의 의미는 무엇일까. 인간의 생각으로 내리는 가치평가는 아예 의미가 없어 보인다. 그것의 의미가 무엇이든 간에 인간의 생각은 자연을 대함에 있어서 오만함으로 가득 차 있기 때문이다.

때로는 반딧불이가 분화구에서 피어나는 불꽃처럼 보인다. 때로는 오름의 능선이 꽃잎이 되고 반딧불이는 꽃술이 되기도 한다. 불꽃으로 보이게 되면 활화산이 되고, 꽃으로 보이게 되면 거대한 우주의 꽃이 된다. 순간 우주에서 크고 작음의 차이란 아무런 의미가 없다는 말이 떠오른다. 인간은 자신을 중심으로 대상이나 세상을 보기 때문에 마치 원근법의 사실처럼

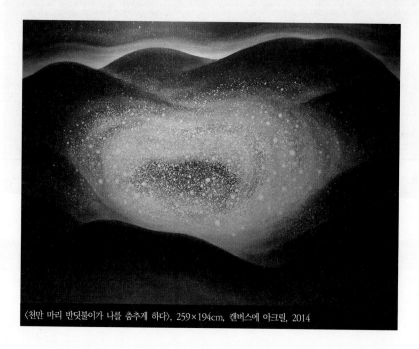

〈천만 마리 반딧불이가 나를 춤추게 하다〉, 259×194cm, 캔버스에 아크릴, 2014

〈천만 마리 반딧불이가 나를 춤추게 하다〉, 90.9×72.7cm, 캔버스에 아크릴, 2013

멀고 가까운 것은 상대성의 원칙에 지배를 받는다. 나에게 가까우면 작은 것도 커지고 나에게 멀어지면 거대한 별들도 반딧불이에 불과한 것, 이것은 인간 주체라는 실존이 느끼는 현상태다.

김연숙의 거문오름에 대한 사랑은 지극하고, 상상은 원대하다. 상상은 설령 꿈일지라도 그것을 현실 세계에서 펼친다는 것은 매우 즐거운 일이다. 그것은 자신의 순수한 자태, 즉 손상되지 않은 날것의 생생한 의미를 보여주는 것이고, 반딧불이를 통해 자신의 세계관을 솔직하게 드러내는 것에 다름 아니다. 이는 감성의 에너지가 축적되지 않고서는 보여줄 수 없는 것이다. 한 그루의 나무에서, 제주의 용암동굴에서 대우주의 길을 찾는 마음, 거문오름 위 하늘에서 우주 만물의 원리를 깨닫는 상상력이 없고서는

〈거문오름의 시간〉, 162.2×130.3cm, 캔버스에 아크릴, 2010

안 될 일이다.

세계관은 미학의 원리와 맞닿아 있다. 예술은 미학을 드러내는 일이고, 그 예술은 대중의 감성에서 다시 살아난다. 예술도 만물처럼 대중의 가슴에서 피었다 진다. 생성과 소멸, 별과 반딧불이가 점멸하는 불꽃은 창조의 힘 그 자체이다. 오늘 우리는 김연숙의 거문오름의 하늘 아래서 우주의 황홀한 불꽃을 보고 있다.

김유정 (미술평론가)

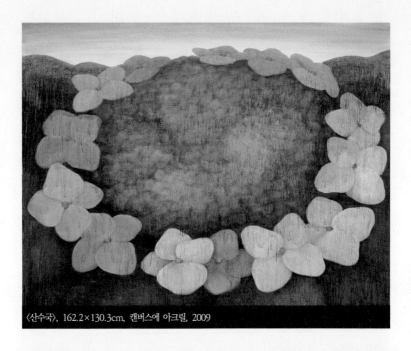

〈산수국〉, 162.2×130.3cm, 캔버스에 아크릴, 2009

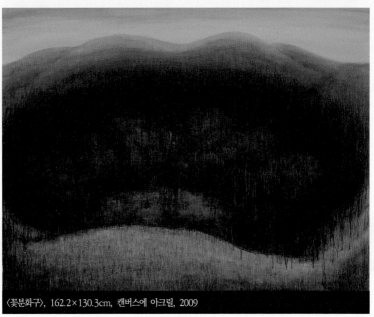

〈꽃분화구〉, 162.2×130.3cm, 캔버스에 아크릴, 2009

미술관을 관람하다

제주에는 다양한 종류의 박물관과 미술관이 있어 흥미로운 관람을 보여준다.
제주국립박물관과 제주민속박물관에서는 제주의 역사와 삶의 흔적을 살펴볼 수 있다.
제주현대미술관과 제주도립미술관은 현대 작가들의 미술 현장을 느낄 수 있는 곳이다.
김영갑갤러리 두모악, 기당미술관, 이중섭미술관에서는 작고한 작가의 작품을 만날 수 있다.
물·바람 미술관은 일본인 건축가 아미타 준의 현대 건축미술을 보여주는 곳이다.
본태뮤지엄은 현대와 전통이 어우러진 독창적 작품들로 많은 눈길을 끌고 있다.

❖
❖

김영갑 갤러리 두모악

한라산의 옛 이름이기도 한 '두모악'에는 사진작가 김영갑의 작품들이 전시되어 있다. 김영갑은 1957년 충남 부여에서 태어나 1982년부터 제주에서 사진 작업을 하던 중 제주의 자연에 매혹되어 1985년 섬에 정착하였다. 밥 먹을 돈을 아껴 필름을 사고 배고픔을 당근과 고구마로 달래며 20년 간 오름과 바다, 들판과 구름, 억새 등 제주의 빛과 바람을 카메라에 담아냈다. 폐교였던 삼달분교를 구하여 갤러리 초석을 다질 무렵, 루게릭 병의 진단을

받게 되고, 투병생활을 이어가며 2002년 여름 '김영갑 갤러리 두모악'을 열었다. 그러나 투병생활 6년 만인 2005년 5월 29일, 아름다운 작품들을 남긴 채 손수 만든 갤러리에서 영원히 잠들었다.

주소 서귀포시 성산읍 삼달리 437-5
문의 064-784-9907
입장료 어른 3,000원 | 청소년 2,000원
주차비 무료
이용시간 봄 · 가을 9:30~18:00 (계절에 따라 바뀜)
휴관일 수요일, 설날, 추석

24

두모악 정원에 전시되어 있는 김숙자 작가의 토우

김영갑 작가의 유품전시실

두모악관 내부 전경

두모악 무인 찻집

두모악 정원에 설치되어 있는 김남흥 작가의 돌하르방 작품

제주도립미술관

제주도 내 미술인들의 작품을 바탕으로 소장·전시하고, 국내외 작가들과 함께 세계 미술의 흐름과 조우하는 기획 전시를 선보이기도 하는 미술관으로 2009년에 문을 열었다. 미술관 자체가 하나의 작품일 정도로 뛰어난 건축미를 자랑하는데, 압권은 건물 입구의 '반사 연못'이다. 물에 비친 건물은 마치 하나의 작품이 되어 신비스러운 모습을 보여준다. 미술관 내부는 기획전시실과 상설전시실, 시민갤러리, 그리고 장리석기념관이 있다. 미술관 바깥은 또 하나의 작품 전시실을 보여줄 정도로 야외 조각 작품들이 미술관 여러 곳에 전시되어 있어 관람의 재미가 있다. 미술관 내부 찻집에서는 한 잔의 차를 마시며 통창을 통해 바깥 정경을 한눈에 바라보는 여유로운 시간을 보낼 수 있다.

주소 제주시 연동 680-7
문의 064-710-4300
입장료 어른 1,000원 | 청소년 500원
주차비 무료
이용시간 9:00~18:00
휴관일 월요일, 1월 1일, 설날, 추석

반사 연못에 비친 건물

통창으로 바깥을 내다볼 수 있는 찻집

강시권, 〈정중동-사유〉, 2011

이승수, 〈제주이야기〉, 2010

오름 계단

1층 중정에 설치된 제주 정원

제주현대미술관

2007년 1월 개관한 제주현대미술관은 저지문화예술인 마을 안에 위치해 있으며, 본관과 분관으로 이루어져 있다. 본관에서는 김흥수 화백의 상설전시와 국내외 작가들의 기획전시가, 분관에서는 박광진 화백의 작품을 상설전시하고 있다. 저지문화예술인마을은 2003년 20명의 문화예술인들이 입주함으로써 형성된 제주의 예술마을이다. 다양한 장르의 기라성 같은 예술인들이 입주했는데, 현재 48명의 예술인들이 각자의 공간을 마련하여 창작 활동을 펼치고 있다. 마을 입구의 이정표를 따라 들어가면 입주 작가들의 작품이 설치된 야외 조각 작품들을 감상할 수 있고, 30동의 예술인 창작 공간은 저마다 독특한 건축 디자인으로 그 자체가 이색 볼거리다.

주소 제주시 한경면 저지리 1863-1
문의 064-710-7801
입장료 어른 1,000원 | 청소년 500원
주차비 무료
이용시간 9:00~18:00
휴관일 수요일, 1월 1일, 설날, 추석

제주현대미술관과 저지문화예술인 마을 입구

김흥수 화백의 상설전시실과 현대 작가들의 기획전시실

제주현대미술관 내부에서 바라본 야외 조각공원

독창적 작품이 눈길을 끄는 어린이 야외 조각공원

저지문화예술인 마을 이정표

박광진 화백의 상설전시가 열리는 제주현대미술관 분관

본태뮤지엄

'본래의 형태(本態)'라는 뜻과 같이 인류 본연의 아름다움을 탐구하기 위해 2012년 개관했다. 세계적인 일본인 건축가 안도 다다오에 의해 노출 콘크리트로 설계된 미술관은 네 개의 전시실을 갖추고 있다. 제1관은 한국전통공예품들을 전시하고 있다. 제2관에서는 살바도르 달리, 파블로 피카소, 백남준 등 다양한 현대 작가들의 작품들을 관람할 수 있다. 제3관에는 쿠사마 야요이의 설치 작품인 〈호박〉과 〈무한 거울의 방 : 영혼의 광채〉가 상설 전시되어 있다. 강박신경증과 편집증, 불안신경증에서 벗어나기 위한 쿠사마 야요이의 설치 작품들이 인상적인 곳이다. 제4관은 우리나라 전통 상례를 접할 수 있는 '꽃상여와 꼭두의 미학'을 살펴볼 수 있는 전시관이다.

주소 서귀포시 안덕면 상천리 380
문의 064-792-8108
입장료 어른 16,000원 | 청소년 11,000원
주차비 무료
이용시간 10:00~18:00

데이비드 걸스타인, 〈희열〉, 2012

로트로 클라인-모콰이, 〈집시〉, 2008

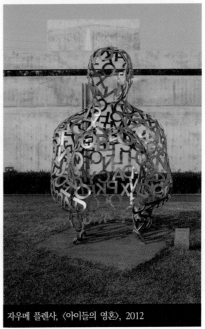

자우메 플렌사, 〈아이들의 영혼〉, 2012

로메로 브리토, ⟨For You⟩

꼭두박물관에 전시된 다양한 꼭두들 ⓒ 본태뮤지엄

쿠사마 야요이, 〈무한 거울의 방: 영혼의 광채〉

쿠사마 야요이, 〈호박〉

❖
❖

물 · 바람 미술관

물 · 바람 미술관은 일본인 건축가 아미타 준이 설계한 건축물로, 시시각각 변화하는 제주의 자연환경에 조응하는 현대 건축의 아름다움을 보여주는 곳이다. '자연과 인간의 공존'이라는 테마로 아마타 준이 설계한 비오토피아 타운하우스 안에 위치해 있어서 입주민이 아니면 안에 들어갈 수 없지만, 포도호텔 투숙객이나 비오토피아 레스토랑에서 식사를 예약한 손님에 한해서는 생태공원과 물 · 바람 미술관 관람이 가능하다. 근처 방주교회를 둘러본 후 본태미술관과 함께 둘러보면 좋은 거리에 있다. 물 미술관은 물에 비친 하늘의 모습을 잔잔히 담아낸다. 바람 미술관은 자연의 바람을 느낄 수 있게 틈새가 있으며, 그 틈새로 들어오는 빛이 또 다른 아름다움을 만들어낸다.

주소 서귀포시 안덕면 상천리 산62-3
문의 064-793-6000
입장료 비오토피아 레스토랑 예약 필수
주차비 무료

하늘의 변화를 물에 반영해 보여주는 물 미술관 내부 전경

비오토피아 타운하우스의 바람 미술관 전경

바람 미술관 입구

틈새로 바람과 빛이 들어오는 구조의 건축물이다.

추사 유배지 및 추사관

대정읍에 위치한 추사관은 조선 후기 대학자이자 예술가인 추사 김정희의 삶과 학문, 예술 세계를 기리기 위해 2010년 5월에 건립되었다. 추사 김정희는 영조의 사위였던 김한신의 증손으로, 성균관 대사성·이조참판 등의 벼슬을 지냈다가 헌종 6년(1840) 55세 되던 해 안동김씨 세력과의 권력 싸움에서 밀려나 9년간 제주도에서 유배생활을 하였다. 유배 초기에는 송계순의 집에 머물다가 몇 년 뒤 현재의 적거지인 강도순의 집으로 옮겼다. 이집은 1948년 제주도 4·3항쟁 때 불타버리고 1984년 다시 지은 것이다. 이곳에서 김정희는 추사체와 세한도를 완성하였다. 추사 유배지를 중심으로 관련 장소들을 연결한 제1코스 '집념의 길', 제2코스 '인연의 길', 제3코스 '사색의 길'이 조성되어 추사의 정신을 음미할 수 있다.

주소 서귀포시 대정읍 안성리 1661-1
문의 064-760-3406
입장료 어른 500원 | 청소년 300원
주차비 무료

건축가 승효상이 세한도에 나오는 집을 모티브로 설계한 추사관 전경

추사유배길 제1코스 '집념의 길'은 추사기념관과 추사 유배지에서 시작한다.

추사관에 설립된 추사상

추사관 내부

추사는 강호순의 집에 거주하면서 자신이 머문 곳을 '귤중옥'이라고 불렀다.

가운데 초가집은 추사 김정희가 기거했던 모거리로 이곳에서 추사체와 세한도를 완성하였다.

제주 들꽃, 오름, 아이들을 흙으로 빚다

강혜경

홍익대학교 미술대학 공예과를 졸업하고, 제주에 정착하여 20여 년을 살았다. 아침에 일어나면 제일 먼저 흙을 만지고 작은 들꽃을 빚는 일로 하루를 시작한다. 처음에는 화려한 장미를 빚었지만, 제주에 이주한 후 이름 없는 들꽃에 매료되어 작은 들꽃에서 낮은 오름으로, 그리고 어린 아이들을 작품화하였다. 작은 시간들이 모여 만들어진 작가의 작업실에는 작지만 섬세한 작품들로 가득하다. 다섯 번의 개인전을 열었으며, 한-일, 한-중 교류전을 진행하였다. 갤러리 이강 (e-Kang) 관장이자 도깨비공원 원장이다.

수줍은 듯 소박하고 은은한 매력이 친근한 제주 들꽃,

그 들꽃들이 이 오름 위에서 피어났다.

20여 년이란 녹록치 않은 시간 속에서 손도장을 찍듯

자신의 지문으로 꽃잎을 살려내고,

도담도담 그들의 이야기에 귀 기울이며

그들이 품어내는 은은한 아우라는 향기가 되어

온누리에 작은 들꽃의 만다라를 만들어간다.

오름과 들꽃과 새

작가의 작업실 마당 담장에는 작가가 만든 도예 우체통과 초인종 가리개가 아름답게 장식되어 있다.

바람을 타고
피고 지기를 반복하는
제주 들꽃에 매료되다

그에게 제주는 '소리'다. 바람 소리며 파도 소리며 자연 속 지천인 소리들 때문에 '문화'가 만들어졌다는 것이다.

"세세하고 작은 것에 흔들리면 견디기 어려운 것이 섬에서의 생활입니다. 흔히들 말하는 제주 사람들의 무심함이란 특성은 이런 것에서 만들어진 것 같습니다."

'살았다'고 인지하고 있는 것들 중 행복했던 시간의 대부분을 보낸 곳을 떠날 수 없었다는 말까지 그의 제주가 궁금해진다.

도깨비공원 원장, 이강도예 대표, 들꽃 공예 작가. 벌써 23년째 제주에서 작업을 하고 있는 강혜경 작가에게 '왜 제주가 좋으냐'고 묻는 것은 사

자신의 지문으로 꽃잎을 살려낸 들꽃이 꽃병 가득 채워졌다.

실 바보 같은 일이다. 섬에서 나고 자란 사람만큼 바람을 읽고 주변의 것들과 눈을 맞추는 이다.

제주대학교에 교편을 잡은 남편을 따라 섬에 왔을 때만 해도 30대 초반, 그저 주변의 모든 것이 좋아만 보였다. 그동안의 장미 작업을 계속해 이어가며 2001년 서울 인사동에서 장미를 테마로 한 첫 개인전을 열기도 했다. 화려함과 우아함의 대명사에 몰입해 있던 그의 눈을 끈 것은 다름 아닌 섬 땅 지천인 들꽃이었다. 이름 따위는 사치일 정도로 바람을 타고 피고 지기를 반복하는 것들, 밟히고 짓눌리면서도 다시 꼿꼿이 허리를 세우는 것들이 눈에 밟혔다. 그 다양함에 작가적 욕심이 발동했다. 들꽃으로 시작한 눈맞춤은 오름, 그리고 사람으로 이어졌다. 일반적으로 제주를 찾은 이들이 경치에 취하고 사람과 부대낀 뒤 들꽃처럼 작은 것들을 찾아가는 것과는 사뭇 다른 걸음이다.

그래서 왜 들꽃인지를 물었다.

"쪼그리고 앉아야 볼 수 있는 것들

〈들꽃〉, 나무에 아크릴, 2013

오름과 아이들

에 제주의 모든 게 담겨 있었습니다."

스쳐보는 것이 아니라 자세히 들여다봐야 속의 것을 내주는 것들이다. 사람들의 기억에 있는 아름다운 풍광 속에서는 크게 도드라지지 않지만 큰 바람이 불거나 비가 내리고 난 뒤 강한 생명력 으로 빛나는 것이다. 더군다나 소송 과정을 거 쳐 결과물이 나오기까지 성급하게 답을 내릴 수 없는 것까지 섬을 닮았다.

'왜 제주냐'는 우문(愚問)을 재차 던진다. 지난 2007년 갑작스럽게 남편을 잃은 그는 지금껏 섬에 남아 있다. 아니 떠날 계획이 없다.

들꽃과 소녀

"내 자신이 기억하고 있는 행복했던 시간이 전부 제주에
있었습니다."

더 이상 질문을 이어갈 수 없다. 쉬웠다고는 말할 수
없지만 최선을 다했고, 또 다하고 있다. 할 줄 아는
것이라곤 흙을 만지는 것이 전부인 그에게 턱하고
두 아들을 키우며 또 관광시설을 운영하는 일까지
맡겨진 상황이 행복했을 리 만무하다. 당시 경황이 없었다는 설명은 "그래
도 제주가 좋았다"라는 말로 들린다. 계속된 시설 업그레이드며 재투자며
정신이 없는 와중에 작품 활동 역시 꾸준히 이어갔다. 점점 작고 얇아지는

'요가하는 아이들' 연작에서는 다양한 동작을 취하는 씩씩한 아이들을 만날 수 있다.

작가의 작업실에는 20여 년 동안 빚어낸 다양한 도예 작품들이 전시되어 있다.

꽃잎은 그를 통해 위안을 받고자 하는 마음과 엇갈려 다가온다.

　그런 와중에 그의 마음을 뺏은 것은 다름 아닌 아이들이다. 직접 아이를 키운 엄마이기도 하지만 시설을 찾은 아이들과 만나며, 그리고 우연히 알게 된 다문화가정 아이들까지 소담스럽게 쌓였다. 그리고 그것 역시 작품으로 옮겨졌다. 지난해는 제주특별자치도 사회복지 공동모금회와 '행복만들기' 협약식을 갖고 문화 소외 어린이들을 위한 문화 나눔과 그를 통한 이웃 사랑 실천의 뜻을 알리기도 했다.

고 미 (제민일보 기자)

들꽃과 새가 있는 촛대

들꽃 도예

〈들꽃〉, 나무에 아크릴, 2013

들꽃과 오름

들꽃과 새와 아이

들꽃과 새

오름을 오르다

화산섬 제주의 이미지는 오름으로 대표되곤 한다. 오름은 조그마한 화산체를 말한다.

제주에는 360여 개의 오름이 있고, 그래서 제주도를 오름의 왕국으로 부른다.

가장 많이 알려진 오름은 용눈이오름이다.

거문오름은 2007년 세계자연유산에 등재된 오름이다.

다랑쉬오름은 제주 4·3 항쟁의 아픈 역사를 간직하고 있는 '오름의 여왕'이다.

아부오름, 백약이오름, 새별오름, 따라비오름, 노꼬메오름은 산책하기 좋은 오름이다.

❖
❖

거문오름

제주도의 368개 오름들 중에 거문오름은 2007년 세계자연유산에 등재되었다. 거문오름의 이름은 분화구 내 숲이 우거져 검은 기운을 띠고 있는 데서 유래했으며 '신령스럽다'는 뜻이다. 거문오름은 아홉 개의 봉우리가 분화구 내의 알오름(372미터)을 품고 있는 형상으로 지질학적 가치가 뛰어나다. 분화구 둘레는 4,551미터에 이르고, 이는 한라산 백록담의 3배에 달할 정도로 거대한 규모다. 하루 탐방객 400명으로 제한하고 있으며, 오전 9시부터 오후 1시 30분 중에 해설사의 인솔 아래에서만 관람이 가능하다. 거문오름 탐방은 세계자연유산센터 안내소에서 사전 예약을 통해 진행된다.

주소 제주시 조천읍 선흘리 478
문의 064-710-8981
입장료 어른 2,000원 | 청소년 1,000원
주차비 무료
코스 및 소요시간
◉ 정상 코스(1.8km, 1시간)
◉ 분화구 코스(5.5km, 2시간 30분)
◉ 전체 코스(10km, 3시간 30분)

다희연 차밭에서 바라본 거문오름

선흘리에서 바라본 운무에 휩싸인 거문오름

산굼부리

'굼부리'는 움푹 파인 곳, '분화구'라는 뜻의 제주말이다. 산굼부리는 국내 유일의 마르형 분화구(용암 분출 없이 열기의 폭발로 암석을 날려 구멍만이 남게 된 분화구)로, 360여 개에 이르는 한라산 기생화산 중의 하나다. 삼굼부리 분화구의 지름과 깊이는 한라산의 백록담보다 더 크고 깊은 신비로움을 보여준다. 물은 고여 있지 않고 현무암 자갈층을 통하여 바다로 흘러간다. 이러한 화구는 국내에서는 유일하고 세계적으로도 일본과 독일에 몇 개 알려져 있을 뿐이다. 봄과 여름에는 야생화 천국을 이루고, 가을이면 억새가 화려한 장관을 펼친다. 분화구에는 많은 희귀식물이 자라고, 상수리나무·졸참나무 등이 분포하고 있으며, 정상에 오르면 크고 작은 오름들을 한눈에 조망할 수 있다.

주소 제주시 조천읍 교래리 산38
문의 064-783-9900
입장료 어른 6,000원 | 청소년 3,000원
주차비 무료
소요시간 40분

산굼부리 오르는 길에 바라본 한라산과 오름들

산굼부리의 마르형 분화구

아부오름

앞오름, 압오름이라고도 불리기도 한다. 자연스런 분화구 주위에 인위적으로 심어진 삼나무들이 어우러져 독특한 경관을 보여준다. 영화 '이재수의 난', '연풍연가'의 촬영지로도 유명하다. 제주에서 성산을 넘어가는 길에 산굼부리, 백약이오름을 거쳐 둘러보면 좋다. 사유지 안에 위치하고 있긴 하지만 일반인에게 개방되어 있다. 오르는 데는 10분이면 되지만, 전체를 둘러보는 데는 30분 정도 소요된다. 가벼운 마음으로 올라갔다가 정상에 서면 가슴이 뻥 뚫리는 듯한 느낌을 전해주는 곳이다. 아부오름의 탁 트인 시야와 전망은 압권이다. 맑은 날은 한라산 조망도 가능하다. 부드러운 능선에 품어 안긴 느낌은 말로 표현할 수 없는 힐링의 시간을 제공해준다.

주소 제주시 구좌읍 송당리 산164-1
문의 064-728-7744
입장료 무료
주차비 무료
소요시간 40분

아부오름의 겨울 ⓒ 김병국

아부오름 정상의 쉼터

❖
❖

다랑쉬오름

다랑쉬오름은 비자림과 용눈이오름 사이에 우뚝 솟아 있는 오름으로, 368개의 제주 오름 중에'오름의 여왕'이라고 불린다. 높이 382미터로 능선이 가지런하고, 오름의 여왕이라고 할 만할 정도로 우아하다. '다랑쉬'는 산봉우리에 위치한 분화구가 마치 달처럼 둥그렇게 보인다고 해서 붙여진 제주어이다. 다랑쉬오름과 마주하고 있는 오름은 다랑쉬오름에 딸려 있는 나지막하고 자그마한 오름이라는 뜻에서 아끈다랑쉬오름이라고 한다. 10여 분 정도 오르면 아끈다랑쉬오름 정상에 오를 수 있고, 다랑쉬오름과 용눈이오름 등 주변 오름들을 조망할 수 있다. 다랑쉬오름 주변의 토굴에서는 4 · 3 항쟁 당시 토벌대가 지른 불길에 죽임을 당한 시신들이 50여 년 만에 발굴되기도 했다.

주소 제주시 구좌읍 세화리 산6
문의 064-710-3314
입장료 무료
주차비 무료
소요시간 2시간

다랑쉬오름의 봄 ⓒ 김병국

아끈다랑쉬오름

❖
❖

용눈이오름

사진가들이 가장 사랑하는 오름으로 제주 오름 여행의 시작점이다. '오름'이란 작은 산을 의미하는 제주말로, 화산구의 형태를 갖추고 있는 한라산의 기생화산구를 의미한다. 그중에서도 초보여행자도 쉽게 오를 수 있는 용눈이오름은 사진작가 김용갑이 가장 사랑한 오름으로도 잘 알려져 있다. 부드럽고 완만한 능선을 따라 올라가다 보면 시시각각 변하는 풍경으로 인해 많은 이들을 매료시키는 오름이다. 맑은 날 용눈이오름에 오르면 지미봉·은월봉·우도·성산일출봉·대왕산·수산봉 등 7개의 경관이 한눈에 들어온다. 해질녘에 방문하면 노을과 어우러진 멋진 풍경을 감상할 수 있다.

주소 제주시 구좌읍 종달리 산28
문의 064-710-3314
입장료 무료
주차비 무료
소요시간 40분

용눈이오름의 봄 ⓒ 김병국

용눈이오름의 여름 ⓒ 김병국

용눈이오름의 가을 ⓒ 김병국

용눈이오름의 겨울 ⓒ 김병국

❖
❖
백약이오름

오름에 자생하는 약초가 100가지가 넘는다 하여 붙여진 이름으로, 한자어로는 백약악(百藥岳), 백약산(百藥山)이라고 한다. 제주시 구좌읍 송당리와 서귀포시 표선면 성읍리 경계에 위치해 있다. 정상에 올라서면 서쪽으로 한라산이 보이고, 동쪽으로 우도와 성산일출봉이 보인다. 일출 명소로도 유명하다. 오름의 높이가 132미터로 완만한 경사를 하고 있어 누구나 쉽게 오를 수 있어 봄, 가을에 산책하기에 적합하다. 예쁜 도로로 유명한 금백조로를 따라가다 보면 차를 멈추고 내려서 주변을 둘러보게 하고야 마는 오름이다. 가을이면 억새가 흐드러지게 펼쳐진다.

주소 서귀포시 표선면 성읍리 산1
　　　제주시 구좌읍 송당리 (주차장 입구)
문의 064-760-4451
입장료 무료
주차비 무료
소요시간 40분

백악이오름의 분화구 ⓒ 김병국

금백조로를 따라가다 보면 크고 작은 오름들이 아름답게 펼쳐진다.

제주의 예민한 빛을 화폭에 옮기다

김남흥

제주에서 나고 자랐다. 제주대학교 미술교육학과를 졸업하고, 〈제주의 사계〉,
〈사색〉, 〈세심, 마음을 씻다〉 등의 개인전을 열었다. 제주도에 관한 그림을 그리
면서 전업작가로서의 삶을 시작했고, 제주의 인문학적 가치를 돌하르방에서 새
롭게 발견한 후에는 북촌 곶자왈 지대 4천여 평의 땅에다 돌하르방공원을 15여
년에 걸쳐 만들었다. 현재 한국미술협회, 제주도미술대전 초대작가, 북촌돌하르
방공원 원장으로 있으며, 그림과 공원 조성 작업에 제주색을 담아내는 작업을
뚝심으로 해내고 있다.

화면을 채우던 것들을 조금씩 비워내면서
작가 역시 자신의 마음을 비우는 연습을 했다.
바람이 잦아든 고요한 하늘에 떠 있는 무지개는
지친 마음을 어루만져주는 어머니 품 같은 존재다.

〈이달오름〉, 40.7×52.8cm, 캔버스에 유채, 2008

〈이어도〉, 162×60cm, 캔버스에 유채, 2013

〈금오름〉, 162×89.8cm, 캔버스에 유채, 2013

계절에 따라 달라지는 빛,
옅은 광선의 움직임,
빛과 그림자의 공존을 그림에 담다

　인간의 각막에 투영되는 이 세상 모든 빛들은 그 색이 모두 다르다. 특히 서구 예술가들은 네덜란드의 빛을 사랑해왔는데, 공기 속에 날마다 다른 비율로 머무르는 수증기가 언제나 이질적인 빛을 만들어낸다는 이유에서였다. 이는 바다와 인접하고 바람도 많이 부는 네덜란드의 지리적 성격과 맞닿는다. '제주도'도 이러한 특징을 지닌 곳으로 한참 소나기가 내리다가도 5분만 지나면 언제 그랬냐는 듯 맑게 개고, 새파란 하늘이 1킬로미터만 움직이면 암흑의 구름으로 돌변하는 특이한 지역이다.

〈여름날 낙조〉, 79.2×45.5cm, 캔버스에 유채, 2013

〈여름 장마 날에〉, 140×40cm, 캔버스에 유채, 2008

〈섬 하나〉, 60×20cm, 캔버스에 유채, 2008

투박하고 꾸밈이 없다. 그도 그렇고 그의 작품도 그렇다
그런 김남흥의 작업은 '다움'을 찾는 여정이다.
휘황한 관광지 이전의 가장 제주다운 모습을 화폭에 담고
제주의 얼굴을 건져 올리기 위해 돌하르방에 매달렸다.
그가 태어나 한 번도 떠난 적이 없는 제주는
언제나 그의 뜨거운 모티브다.

이러한 빛의 변화는 인간의 감성과 성격에도 지대한 영향을 미쳐 독특한 '지방색'을 형성하는 중요한 요소가 된다. 브라이언 패이건 같은 인류학자가 이러한 관계성에 대해 제시했던 해답처럼, 우리는 같은 환경 속에서 살아가는 이들이 지니게 되는 공통적인 특성을 무시할 수 없다. 따라서 제주에 사는 이들의 고통적인 감성이야말로 진정 제주다운 작품을 완성토록 하는 것이다.

중견작가 김남흥은 제주도의 예민한 빛을 담는 데 남다른 감을 지니고 있다. 그의 작품 속에는 사계에 따라 확연히 달라지는 광량(光量), 구름을 투영하는 엷은 광선의 움직임, 오름을 덮는 빛과 그림자의 공존 등이 담겨 있는데, 이 모든 작업은 작가가 실제로 풍경과 마주하면서 시작되었다. 마치 외광파의 대표 주자 클로드 모네가 그러했던 것처럼, 작가의 진지한 수고가 진실된 화풍을 완성하는 데 절대적인 영향을 끼쳤던 것이다.

우선 그의 작품을 전반적으로 지배하는 것은 '외적 진실의 모사적·객관적 재현'이다. 이는 구상을 추구하는 작가로서 매우 모범적이고 성실한 태도라 할 수 있다. 그러나 작가 김남흥은 그 리얼한 표현 위에 제주인으로

〈기억 속의 포구〉, 227×90cm, 캔버스에 유채, 2008

〈높은오름〉, 132.4×65cm, 캔버스에 유채, 2008

서의 독특한 정체성을 부여하고 있는데, 그것은 바로 오랜 세월 험난한 환경을 버텨낸 강인함과 아집이다. 특히 이러한 모티브는 그의 작품들 속에서 발견된다. 바로 고집스레 켜켜이 쌓은 돌담, 강인하게 솟구치는 구름, 포효하는 파도, 광풍 속에서도 꺾이지 않는 억새, 세월의 짐을 짊어졌으나 피곤해 보이지 않는 노인의 뒷모습 등이 그것이다. 이는 김남흥의 주제의식을 담는 중요한 모티브들로 리얼리즘과 내추럴리즘이 결합하는 지점이며, 쿠르베식 리얼리즘이 완성되는 지점이기도 하다. 그렇다면 이를 내추럴리즘이라 말할 수 있지 않을까.

광활한 자연을 등지고 오로지 화폭에 담을 오름을 향해 서 있는 화가의 뒷모습을 상상해본다. 어슴푸레한 새벽, 창작에 몰두해 있는 그는 미처 알지 못할 것이다. 아름다운 '그림자광륜'을 만들어내는 자신이 어느새 자연에 동화되어 있다는 사실을. 이처럼 자연이면서 동시에 인간인 작가 화폭에 담는 것은 자연이면서 어느덧 자연이 되어버린 작가 자신이 아닐까.

김지혜 (독립 큐레이터)

〈다랑쉬의 봄〉, 162×97cm, 캔버스에 유채, 1999

〈새별오름〉, 89.8×39.83cm, 캔버스에 유채, 2008

공원을 산책하다

제주에는 많은 색다른 공원들이 조성되어 여행객의 발길을 기다리고 있다.
수천 평의 땅을 일구어 조성된 공원에는 많은 볼거리가 있어 감탄을 자아내곤 한다.
이렇게 조성된 공원은 한 개인의 의지에 의해 몇 십 년의 시간에 걸쳐 개발된 경우가 많다.
돌하르방공원, 돌문화공원, 금능석물원, 생각하는 정원, 한림공원, 다희연을 권하고 싶다.
척박한 자연을 오랜 시간과 공을 들여 일구어낸 그들의 인간적 삶에도 귀 기울여 보자.
천천히 산책하며 인간과 자연의 만남에 대해 생각해볼 수 있는 시간을 가져보자.

북촌 돌하르방공원

1999년 제주 출신 젊은 예술가 5명이 제주도 내에 흩어져 있던 돌하르방 48기를 찾아내 원형 그대로를 재현해 만들었고, 2005년 제주의 상징인 돌하르방을 주제로 북촌 돌하르방공원을 열었다. 4천여 평 허허벌판에 돌 하나, 나무 하나 허투루 놓지 않고 가꾸어낸 정성은 공원을 산책하는 이들에게 예술의 공간이 무엇인지를 느껴볼 수 있게 하는 시간을 제공한다. 또한 기존 돌하르방의 이미지를 새롭게 해석한 창작 돌하르방 작품들은 관람의 재미를 더해준다. 서양화가이기도 한 김남흥 원장은 15년에 걸쳐 돌을 다듬고 쌓아 평화와 사랑의 공원을 만들어냈고, 지금은 이옥문 작가가 그의 곁에 남아 미완의 공원 조성을 함께 완성해 나가고 있다.

주소 제주시 조천읍 북촌리 976
문의 064-782-0570
입장료 어른 4,000원 | 청소년 3,000원
주차비 무료
이용시간 9:00~18:00

수호신적 돌하르방

위엄을 과시하는 돌하르방

꽃을 든 돌하르방

숨바꼭질 돌하르방

돌하르방 공원의 테마를 잘 보여주는 평화새 돌하르방

두 팔을 벌린 돌하르방

사랑의 마음을 간직한 돌하르방

돌하르방 공원에 조성되어 있는 작은 연못

금능석물원

금능석물원은 1993년 대한민국 명장으로 추대된 석공예 명장 장공익 옹이 60여 년간 땀으로 만든 1만 여 작품들을 1천여 평 부지에 조성한 제주의 명소다. 제주를 대표하는 돌하르방뿐 아니라 '돗통시(똥돼지를 키우던 제주의 전통 화장실)' 등 사라져가는 전통문화와 '설문대할망' 같은 제주의 다양한 전설 속 이야기들, 그리고 제주의 삶을 해학적으로 표현해 놓은 작품들을 만날 수 있다. 질박한 삶을 살아온 제주인들의 삶과 문화를 풍자와 익살, 해학의 서사시로 풀어놓았다. 돌을 반죽 주무르듯이 자유롭게 빚어낸 작품들은 투박하지만 친근하고 정겨운 제주의 맛을 전해준다. 돌에 혼을 불어넣은 장공익 옹의 열정 또한 느낄 수 있는 곳이다.

주소 제주시 한림읍 금능리 1282-9
문의 064-796-3360
입장료 무료
주차비 소형 2,000원 | 중형 3,000원 | 대형 4,000원
이용시간 8:30~18:00

제주의 신당을 재현해놓은 곳

부부인어상

똥 싸는 여인상

코부자상

애기구덕

김녕사굴 전설의 홀민상

옛날 김녕리 마을 뱀굴에 요괴스러운 큰 뱀이 살고 있었다. 이 뱀은 쌀 닷 섬은 족히 들어가는 항아리만한 둘레에 큰 귀를 달고 있었다고 한다. 뱀이 갖은 요망스런 짓으로 마을 사람들을 괴롭히자 마을 사람들은 해마다 술과 떡을 차려 제를 올리고 15세 되는 예쁜 처녀를 제물로 바쳐 왔다. 그러던 중 중종 10년(1515) 19세에 과거급제한 서린이라는 청년이 제주 판관으로 부임한 후 이 내력을 듣게 되었다. 서린은 비록 나이는 어리나 담력 있는 용감한 젊은이였다. 그는 무장한 군졸 10여 명과 함께 뱀굴로 갔다. 여느 때처럼 제사를 지내니 과연 큰 뱀이 나타났다. 드디어 뱀이 처녀를 삼키려는 순간, 서린은 칼로 뱀의 목을 찔렀다. 그리고 그 뒤를 이어 군졸도 일제히 뱀에게 달려들어 뱀을 찔러 죽였다. 그런데 서린이 관아로 돌아오는 도중 뒤에서 노인의 목소리가 들려 뒤를 돌아보니 죽은 줄 알았던 뱀이 구름을 타고 쫓아와 서린을 공격하는 것이 아닌가. 이 일로 서린은 차일피일하며 의식불명으로 신음을 하다 큰 뜻을 펴지 못하고 21세라는 젊은 나이에 일생을 마쳤다고 한다.

설문대할망 동네.
금능석물원에서 가장 큰 조각상인 설문대할망은 제주 섬을 창조한 여신으로 높이 6미터(기단 포함 8미터),
무게 100톤에 이른다. 설문대할망은 세상을 내려다보는 형상이고, 그 아래에 아들 오백장군이 조각되어 있다.

옛날 옛적에 설문대할망이 살고 있었다. 어느 날 누워서 자던 할망이 벌떡 일어나 앉아 방귀를
뀌니 천지가 창조되고, 불꽃 섬은 꿩음을 내며 불기둥이 하늘로 솟아올랐다. 바닷물과 바닷물의
흙을 삽으로 퍼서 불을 끈 후 제주도가 만들어졌고, 치마폭에 흙을 담아 날라 섬 중앙에 한라산
을 만들었다. 그리고 흙을 나르다 치맛자락 사이로 조금씩 흘러내린 흙은 360개 오름이 되었
다. 설문대할망은 한라산을 배게 삼아 누우면 한 발은 성산일출봉에, 다른 한 발은 제주시 앞바
다 관탈섬에 걸쳤을 정도로 거인이었다고 전해진다.

❖
❖
돌문화공원

제주도에 전해져 내려오는 설문대할망과 오백장군 이야기 등을 제주도의 돌과 나무로 조성해 놓은 박물관이자 생태공원이다. 약 100만 평에 달하는 땅에 제주의 생성과 제주의 돌문화를 엿볼 수 있게 조성되었다. '돌이 나의 영혼을 깨운다'고 말하는 백운철 돌문화 공원 단장은 평생 수집한 2만 점의 돌과 나무를 무상 기증하면서 이 공원을 실현시킨 장본인이다. 공원 부지 70퍼센트는 돌·나무·덩굴이 어우러져 있는 곶자왈 지대이며, 크게 제주돌박물관·돌문화전시관·야외전시장 및 제주 전통 초가 공간 등으로 구성되어 있다.

주소 제주시 조천읍 교래리 산119
문의 064-710-7741
입장료 어른 5,000원 | 청소년 3,500원
주차비 무료
코스 및 소요 시간
◉ 제1코스: 돌박물관→오백장군갤러리→
어머니의 방(1시간)
◉ 제2코스: 돌문화전시관→야외전시장(50분)
◉ 제3코스: 돌한마을(50분)

하늘연못이 설치된 돌문화공원 전경

제주돌박물관 입구

제주돌박물관

제주도의 형성 과정을 보여주는 영상실부터 제주도의 오름, 동굴, 퇴적물, 지형 등 9가지 테마로 이루어진 형성전시관까지 다양한 볼거리를 제공하고 있다.

돌문화전시실로 연결되는 입구

전시실 내부

돌문화공원에서 바라본 제주의 오름들

동자석

사람 머리 모양 형태의 자연석을 이용하여 오백장군을 재현한 공간

옛날 설문대할망은 오백장군을 낳아 한라산에서 살고 있었다. 식구는 많고 가난한데다 마침 흉년까지 겹쳐 끼니를 이어갈 수 없었다. 할망은 아들들에게 밖으로 나가 양식을 구해 오도록 했다. 오백 형제들이 양식을 구하러 나간 후 할망은 죽을 끓이기 시작했다. 백록담에 큰 가마 솥을 걸고 불을 지핀 다음, 솥전 위를 걸어 돌아다니며 죽을 저었다. 그러다가 그만 발을 헛디 며 죽 솥에 빠져죽고 말았다. 그런 줄도 모르고 집으로 돌아온 오백 형제는 허기진 탓에 허겁 지겁 죽부터 먹기 시작했다. 여느 때보다 죽 맛이 좋았다. 그런데 맨 마지막에 돌아온 막내가 죽을 뜨려고 솥을 젓다가 이상한 뼈다귀를 발견했다. 다시 살펴보니 어머니의 뼈가 틀림없었 다. 그 사실을 알게 된 막내는 크게 서러워하며 어머니가 빠져 죽은 죽을 먹은 형들을 원망하 며 고산리 앞바다 차귀섬 앞에 가서 어머니를 그리워하다가 그만 바위가 되어버렸다. 499명 형제도 한없이 통곡하다가 그 자리(지금의 영실)에서 그대로 굳어져 바위가 되고 말았다고 한다.

🐚 어머니의 방

'어머니의 방'은 돌무더기 형태로 용암 석굴을 만들어 진귀한 용암석 하나를 설치해 놓았는데, 이 용암석은 바다보다 깊고 산보다 높은 모성애의 화신이 된 설문대할망이 사랑하는 아들을 안고 있는 형상이라고 한다.

돌문화공원 끝에 위치한 어머니의 방 입구

설문대할망이 사랑하는 아들을 안고 있는 형상의 용암석

❖
❖
한림공원

1971년 버려졌던 황무지를 개간하여 오늘날의 녹색의 공원으로 탈바꿈시킨 이는 송봉규 원장이다. 그는 40세에 제주의 미래는 관광사업에 있다고 생각하여 여러 야자수 종자를 수입하여 파종하였다. 숱한 어려움을 견디며 45여 년의 세월이 흐른 지금의 한림공원은 야자수길, 산야초원, 협재·쌍용동굴, 석·분재원, 재암민속마을, 사파리조류원, 재암수석관, 연못정원, 아열대식물원 등으로 이루어져 있다. 봄에는 매화가 아름답기로 유명하고,

2천 종에 이르는 꽃들의 향연이 펼쳐지는 곳이다. 또한 수백 년 된 다양한 분재 작품과 희귀한 자연석을 함께 감상할 수 있다. 여기에다 천연기념물인 협재굴과 쌍용굴도 한림공원 관람의 즐거움을 더해준다.

주소 제주시 한림읍 협재리 2487
문의 064-796-0006
입장료 어른 10,000원 | 청소년 7,000원
주차비 무료
이용시간 8:30~19:30

협재굴 내부

산야초원

연못 정원

분재와 자연석

아열대식물원

생각하는 정원

'생각하는 정원'은 세계에서 가장 아름다운 정원으로 극찬 받고 있는 곳이다. 분재로 40년을 보낸 성범영 원장은 가시덤불로 뒤덮인 황무지인 이곳을 1963년부터 개간해 1992년 7월 예술복합 공간으로 선보였다. 이곳에는 수령이 500년인 한국 향나무, 100년인 소사나무와 속이 썩은 매화나무, 수십 년 된 모과나무, 팔만대장경의 목판인 돌배나무 등 값을 따질 수 없는 분재가 헤아릴 수 없이 많다. 분재테마파크 답게 하나하나가 작품인 분재를 보는 즐거움도 있지만 사시사철 변화하는 자연의 순리를 느낄 수 있는 공간이다. 정원을 자연과 나무, 분재의 철학으로 빚어낸 '치유의 정원'이라 할 만하다.

주소 제주시 한경면 저지리 1534
문의 064-772-3701
입장료 어른 10,000원 | 청소년 8,000원
주차비 무료
이용시간 8:30~18:00 (11월~3월)
　　　　 8:30~19:00 (4월~10월)

세계에서 가장 아름다운 정원으로 알려진 '생각하는 정원'

모과나무 분재가 아름다운 동산

❖
❖

다희연과 동굴카페

다희연(茶喜然)은 제주에서 오설록 다음으로 큰 녹차밭이다. 녹차에 대한 역사와 문화를 잘 표현해 놓은 차박물관 관람, 녹차향 가득한 녹차밭 산책, 짜릿한 짚라인 체험 등 다양한 체험 프로그램을 운영하고 있다. 전망대에 오르면 다희연 녹차밭을 한눈에 볼 수 있다. 무엇보다도 동굴카페는 색다른 다희연만의 체험을 제공한다. 곶자왈 지대의 이색 카페인 동굴카페는 2005년 다원을 개발하기 위해 차밭을 개간하다가 발견된 용암 동굴이다. 녹차 발효액, 녹차 아이스크림, 녹차 라떼, 녹차 팥빙수 등이 동굴카페의 주요 메뉴다.

주소 제주시 조천읍 선흘리 600
문의 064-782-0005
입장료 어른 5,000원 | 청소년 3,000원
(식사권, 동굴 카페의 음료권 구매시 무료 입장)
주차비 무료

거문오름을 배경으로 펼쳐져 있는 다희연 전경

동굴카페 내부

❖
❖
❖

제주민속촌

제주의 전통 초가와 제주인의 생활상을 보여주는 제주민속촌은 1980년대를 기준 연대로 삼아 제주도 옛 문화를 원형 그대로 재현해 놓은 곳이다. 100여 채의 전통 가옥은 산촌(16동), 중산간촌(38촌), 어촌(10동)을 비롯해 무속신앙촌, 제주목관아를 재현해 놓은 제주 영문, 농기구전시관, 어구전시관 등 제주의 역사와 문화를 살펴볼 수 있다. 성읍민속마을과는 또 다른 매력적인 산책 코스를 제공하고 있는데, 산책길에는 '화가의 집', '해녀의 집', '목공예가의 집', 등이 있어 잠시 들러 제주의 문화와 예술도 느껴볼 수 있는 시간을 제공한다.

주소 서귀포시 표선면 표선리 40-1
문의 064-787-4501
입장료 어른 10,000원 | 청소년 7,000원
주차비 무료

제주목관아를 재현한 제주영문

제주 전통 배 '테우'

어구전시관

수국이 핀 산책길

🦋 화가의 집

제주민속촌 내부 '화가의 집'은 동양화 기법을 응용하여 다양한 채색을 통해 제주의 자연을 표현하고 있는 석제(石濟) 현태규 화백의 작업 공간이다. 그의 그림들을 감상할 수도 있고 판매도 하고 있다.

화가의 집 입구

현태규 화백의 작업실 내부

돌담과 숲에서 순수한 풍경을 보다

박성진

서울대학교 미술대학 서양화과를 졸업하고, 동 대학교 대학원 서양화과를 졸업했다. 25회에 이르는 개인전을 비롯하여 단체전, 기획전, 초대전을 진행했다. 2006년 투즐라 국제초상 그래픽&드로잉 비엔날레에서 대상을 수상했으며, 한국현대판화가협회 공모전에서 우수상을 수상했다. 2008년 이전까지는 실존적 인물군상을 그리다가 제주에 정착 후 새로운 제주 풍경화 연작을 선보이고 있다. 대한민국미술대전, 제주도 미술대전 심사위원장 등을 역임했으며, 현재 제주대학교 미술학부 교수이자 제주도판화가협회 회장으로 활동 중이다.

고만고만하게 다가오는 친숙한 풍경을 거부한,
이 몹시도 우리를 낯설게 하는 이유는
그의 작품이 갖는 미니멀한 요소 때문이다.
돌과 소나무, 억새 등 몇 가지 주제성을 표상하는
아이콘만을 도드라져 보이게 하고,
배경을 단색으로 처리해 평면성을 강조한다든지,
한 화면 속에 단색조의 평명성과 전통 회화의 환영성을
병치하여 포스트모던한 미적 감성을 자극하는 풍경화의
미니멀리즘을 열었다.

〈돌담〉, 53×45.5cm, 캔버스에 아크릴, 2013

〈돌담〉, 90.9×65.1cm, 캔버스에 아크릴, 2013

제주에 살며
돌담·숲·억새 풍경에 대해
새롭게 눈 뜨다

　제주에서 풍경화를 그리는 작가들은 대체로 두 부류로 나뉘는데, 하나는 제주 자연에 대한 중성화된 시선으로 자연의 외피를 예쁘게 묘사하려는 자연주의적 부류이고, 다른 하나는 보다 가치 지향적 시선으로 지역의 역사와 전통을 끌어안으려고 하는 리얼리즘적 작가군이다. 그런데 박성진의 그림은 이 가운데 그 어디에도 속하지 않은 제3의 풍경화라고 해야 옳을 것 같다. 물마루를 건너와 제주도에 살며 느낀 자연에 대한 새로운 눈뜸이다.

　돌담과 억새 연작들을 보면 아크릴의 옅은 회백색 모노톤에 돌담과 억새 풍경이 담담하고 정갈한 색감과 붓 터치로 묘사되었다. 화면의 절반 이상을 깨끗한 여백으로 비워 한폭 한폭 수묵 산수화의 정취를 느끼게 한다.

〈억새〉, 193.6×130.2cm, 캔버스에 아크릴, 2013

이후 제주 풍경화에 오면 동일한 조형 어법의 연장에서 형태는 더욱 단순해졌고 간략하게 양식화되었다. 돌담과 한라산 등 주제를 전면에 최대한 돌출시키기 위해 회화적 꾸밈은 억제되고, 여타의 디테일한 요소는 제거되었다. 넓은 들판을 구획하여 검은 돌담이 만들어내는 선과 형태의 자연적 조형성에만 주목하였다.

돌담과 억새 연작은 최근의 조형 어법을 고수하면서도 필치는 한결 더 부드럽고 분망해진 느낌이다. 들판에 흐드러진 억새의 독특한 결과 질감을 표현하기 위한 조형상의 배려로 보인다. 일관되게 화면을 양분하여 하단엔 바람에 흩날리는 억새꽃 들판을, 대부분의 그림 상단엔 화이트와 회백색 하늘을, 또는 구름 하나 없는 시리게 푸른 코발트블루를 산뜻하게 펼쳐 놓았다. 화면의 경영은 여전히 전통 수묵산수에 기대고 있으면서도 하단의 색감은 보다 풍부해졌고, 회화적 요소는 더 추가되었다.

〈돌담〉, 360×190cm, 캔버스에 아크릴, 2013

〈억새〉, 41×53cm, 캔버스에 아크릴, 2015

〈억새〉, 41×53cm, 캔버스에 아크릴, 2015

〈다랑쉬〉, 45.5×60.6cm, 캔버스에 아크릴, 2015

　하늘과 땅의 경계엔 몇 그루 소나무가 바람에 가지가 한 쪽으로 비스듬히 쏠린 채 서 있는데, 하얀 또는 남빛 바탕의 하늘을 배경으로 바람에 몸을 지탱하고 선 소나무의 실루엣이 전경에서 후경으로 향하는 시선을 사로잡아 멈추게 한다. 무섭도록 적요한 들판엔 바람결에 너울대는 억새꽃 무리가 난만하고, 무리진 억새밭 사이로 구불구불 끊어질 듯 이어지며 현무암 검은 돌담과 군데군데 삼나무들이 보는 이의 시선을 이끌어 단조로운 화면 구성에 조용한 시각의 변화를 일으키고 있다. 이 모두 제주 섬의 중산간에서나 볼 수 있는 독특한 풍광이다.

　이런 박성진의 작품에서 우리는 예쁘게 단장된 자연주의적 풍경화나 인상파류의 풍경화에선 느낄 수 없는 묘연한 아우라를 만난다. 고만고만하게 다가오는 친숙한 풍경을 거부한, 이 몹시도 우리를 낯설게 하는 이유는 그의 작품이 갖는 미니멀한 요소 때문이다. 돌과 소나무, 억새 등 몇 가지

〈다랑쉬〉, 45.5×60.6cm, 캔버스에 아크릴, 2015

주제성을 표상하는 아이콘만을 도드라져 보이게 하고, 배경을 단색으로 처리해 평면성을 강조한다든지, 한 화면 속에 단색조의 평명성과 전통 회화의 환영성을 병치하여 포스트모던한 미적 감성을 자극하는 풍경화의 미니멀리즘을 열었다.

있는 그대로의 자연을 그저 아기자기하게 재현한 자연주의 풍경화도, 신산한 바람의 역사를 담아낸 리얼리즘의 풍경화도 아닌, 박성진이 그려낸 제3의 제주 풍경화는 어쩌면 이 화산섬 제주에서 대립과 상쟁이 없었던 역사시대 이전의 무구한 순수 자연을 그만의 시각으로 붙잡아내려는 조형적 탐색 작업일지도 모른다. 이러한 그의 시도가 보다 견고하고 더 넓은 미학의 대해와 만나기를 기원한다.

김현돈 (제주대학교 철학과 교수 | 미술평론가)

〈돌담〉, 30×40cm, 목판, 2014

〈돌담 위의 별〉, 53×41cm, 캔버스에 아크릴, 2015

〈사려니 숲〉, 119.8×90cm, 캔버스에 아크릴, 2013

사려니 숲 연작에 몰두하고 있는 작가의 작업실 겸 연구실

숲과 돌담길을 거닐다

제주의 아름다움은 인위적인 가공에 있는 것이 아니라 자연 그 자체일 것이다.
우거진 숲에서 내뿜어내는 피톤치드는 지친 현대인을 치유하는 효과가 있다.
숲을 찾아 길을 떠나자.
작은 돌담이 만들어내는 들판을 바라보며 힐링을 느껴보자.
5월 가파도의 푸른 청보리밭길, 사려니 숲길, 비자림, 동백나무 숲길은
마음의 힐링을 원하는 이들에게 언제나 추천할 수 있는 장소로 유명하다.

사려니 숲

사려니 숲길은 제주 숨은 비경 31곳 중 하나로 '한국의 가장 아름다운 도로'에 선정되었다. 비자림로의 봉개동 입구에서 제주시 조천읍 교래리의 물찻오름을 거쳐 서귀포시 남원읍 사려니 오름까지 약 15킬로미터에 이르는 길이다. 숲길은 붉은 화산송이가 깔려 있고, 졸참나무·서어나무·단풍나무·산딸나무·때죽나무·삼나무·편백나무 등이 서식하고 있어 삼림욕을 즐기기에 좋은 '치유의 숲'으로 유명하다. '사려니'는 '신성한 곳'이라는 뜻이다.

사려니 숲으로 가는 길에는 삼나무 숲이 장관을 이루는데, 2009년부터 본격적인 탐방로를 조성해 현재 제주를 대표하는 숲길로 사랑받고 있다.

주소 제주시 조천읍
문의 064-900-8864
입장료 무료
주차비 무료
코스 및 소요 시간
◉ 비자림 사려니 숲길 입구 → 물찻오름
(4.8km, 1시간 20분) → 붉은오름 사려니 숲길
입구 (5.2km, 1시간 30분)

붉은 화산송이가 깔린 시려니 숲길 산책로

신록에 감싸인 시려니 숲

시려니 숲의 붉은 화산송이

시려니 가는 길, 1112호 지방도의 삼나무 숲길

시려니 숲 물찻오름 입구에 핀 산수국

❖
❖

비자림

'천년의 숲'으로 알려진 비자림은 단일 수종의 군락으로는 세계 최대 규모로 꼽히는 거대한 숲이다. 500~800년생 비자나무 2,800여 그루가 자생하고 있다. 최고령 나무는 900살에 육박하고, 2000년 '새 천년 나무'로 지정된 비자나무의 수령은 800살이 넘고, 키가 14미터에 이르러 이 숲에서 가장 웅장하고 신비로운 기운을 내뿜는다. 비자나무 잎은 느리게 자라기로 유명해 100년 지나야 지름이 20센티미터 정도밖에 크지 않는다. 나뭇잎이 '非'(아닐 비) 자를 닮았다고 하여 비자나무로 불린다. 나무의 열매는 한약재로 쓰이고, 과거에는 임금에게 바치는 귀한 진상품이었다. 신비한 기운을 가득 품고 있어 삼림욕을 하며 명상하기에 좋은 숲이다.

주소 제주시 구좌읍 평대리 316-1
문의 064-710-7912
입장료 어른 1,500원 | 청소년 800원
주차비 무료
코스 및 소요 시간
◉ 짧은 코스: 벼락 맞은 비자나무 → 새천년 비자나무 → 연리목(50분)

백여 년 전에 벼락을 맞고도 살아남은 비자나무

비자나무 나뭇잎

비자림 산책로

뿌리가 서로 다른 나무의 줄기가 이어져 한 나무로 자라는 '연리목'

800년 수령을 자랑하는 새천년 비자나무의 신령스러운 기운

❖
❖

남원읍 동백나무숲

울울창창한 동백숲의 붉은 꽃송이는 한겨울 하얀 한라산과 대조를 이루며 아름다움을 전해준다. 제주에서는 바다에서 몰아치는 칼바람을 막기 위해 집과 밭을 에둘러 담을 쌓고 담을 따라 동백을 심어 동백 방풍림을 만들었다. 11월부터 이듬해 3월까지 꽃을 피우며 겨울 내내 위풍당당 화려하게 피어오른 꽃송이는 입춘이 지나면 길목마다 붉은 카페트를 갈아놓듯 우수수 떨어진다. 남원읍 위미리에는 작은 마을의 골목 풍경을 아름답게 만드는 동백나무 군락지가 있다. 또한 서귀포시 남원읍 신흥2리를 동백마을로 불리게 한 이는 김명환이다. 그가 1706년 집을 지으며 심었던 동백이 숲을 이루어 오늘날 아름다운 동백숲을 제공해주고 있다. 소박한 마을 동백꽃길이 마음을 끈다.

주소 서귀포시 남원읍 위미리 875-1
　　　서귀포시 남원읍 신흥2리 1574-8
문의 064-764-8756
입장료 무료
주차비 무료

위미리 동백나무들이 화려함을 뒤로 하고 비를 맞으며 꽃송이를 통째로 떨어뜨리고 있다.

가파도 청보리밭길

가파도는 섬 속의 섬으로 제주여행에 있어 꼭 들려볼 장소로 유명하다. 모슬포항에서 배를 타고 20분 정도면 도착한다. 매년 4월에서 5월 사이 한 달 동안 청보리 축제가 열리는데, 그 풍광이 장관을 이룬다. 모슬포 선착장을 시작으로 상동할망당, 제단집, 하동할망당, 까메기 동산, 고인돌 군락지 등을 보고 섬 중앙의 가파초등학교를 들르게 되면 섬 전체를 다 보게 된다. 모슬포항에서 가파도로 가는 배 시간은 평일, 주말 9시, 11시, 14시, 16시이며, 가파도에서 모슬포항으로 돌아오는 배 시간은 평일, 주말 9시 20분, 11시 20분, 14시 20분, 16시 20분이다. 신분증을 지참해야 하고, 기후와 계절에 따라 배 시간이 달라질 수 있으니 미리 연락하고 알아봐야 한다.

주소 서귀포시 대정읍 하모리 2132-1
배편 문의 064-794-3500, 5490
가파도 청보리축제 문의 064-794-7130

가파도 올레길

청보리밭 너머로 산방산과 한라산이 보인다.

제주의 풍경을 담백한 수묵으로 그리다

부현일

제주시 구좌읍 종달리 출신으로 서울대학교 미술대학 회화과에서 한국화를 전공했다. 1979년부터 제주대학교 미술대학에 부임해 후학을 양성하며 작품 활동에 몰두하였다. 40여 년 동안 현장 사생을 하며 생생한 제주의 풍경을 한국화로 표현해왔다. 7회의 개인전과 100여 회의 단체전을 가졌고, 탐라문화상과 제주도문화상 등을 수상했다. 제주도문화진흥본부, 기당미술관, 제주현대미술관, 제주도립미술관 등에 다수의 작품이 소장되어 있다. 제주도미술대전 심사위원장, 제주도립미술관장을 역임했다. 현재 제주대학교 명예교수이다.

한국화는 서양화와 구별되는 말로 동양화라고 불리다가
1980년대 초부터 한국화라는 말이 쓰이고 있다.
우리의 전통예술 중에 하나라고 할 수 있다.
한국화의 주재료는 먹과 화선지이지만, 여러 가지 물감도 쓴다.
화면 처리를 하는 데 있어서는 '여백의 미'를 중시한다.
살아 있는 여백은 그리지 않고도 많은 변화를 짐작케 하는
가변적인 공간이어야 한다.
그런 점에서 선(線)의 미를 중시한다.

〈화순〉, 59×48cm, 수묵, 1996

섭지코지에서 바라본 성산일출봉이 안개에 싸여 자태를 드러냈다.

일출봉은 명산이다. 잘생긴 산이다. 개인적으로는 산의 북쪽에서 보는 경관을 좋아하지만, 어느 쪽에서 보아도 좋다. 높지도 않은 산이 가끔 해무(海舞)와 구름을 거느리고 멋을 부릴 때는 정말 장관이란 말이 저절로 나온다. 바로 환상과 신비의 산으로 변모하는 것이다.

오후 2, 3시경 일출봉 남쪽 해변에서 사생을 하는데, 일출봉 넘어 하늘이 어두워지다 밝아지다를 반복하더니 약간 습한 바람이 일기 시작했는데, 일출봉 허리께 위로 구름이 띠처럼 걸리는 것이었다. 일출봉 경관에 멋을 더해주니 보는 사람마다 좋아했다.

〈일출봉〉, 75.5×53cm, 수묵, 1996

〈일출봉의 해무〉, 212×120cm, 수묵, 2009

　　오전 10시경 일출봉 북쪽 잔디 언덕에서 사생을 시작해서 붓을 몇 번 대기도 전에 해무가 몰려오더니 눈앞의 일출봉을 덮어버렸다. 산이 없어진 것이다. 황당한 일이었다. 오늘은 그림 그리기가 틀렸구나 하고 사라져버린 산 쪽의 해무를 보고 있는데, 20여 분이 지났을까, 일출봉 왼쪽 정상이 두 개 정도 슬쩍 보이는 것이 아닌가. 순간 나도 모르게 "아!" 하고 감탄사를 발했다. 그리고 두어 번 더 산이 숨었다가 나타나기를 반복했다. 보기 어려운 자연의 조화를 체험하고 나니 감동적이라는 말밖에는 어떤 수식어도 찾기 힘들었다. 이 그림은 그때 크로키 했던 그림을 바탕으로 해서 그려진 것이다.

제주에서 태어나 자라며, 언제나 마음만 먹으면 달려갈 수 있는 곳. 그렇게 자주 보는데도 일출봉 앞에 서면 마음이 설렌다. 마치 그리웠던 여인 앞에 선 마음이랄까.

일출봉은 볼 때마다 분위기가 다르다. 한 번도 같은 모습을 보여주지 않는 변화무쌍함을 느낄 수 있는 곳이다. 자연의 조화인가. 그날은 일기 탓인지, 일출봉이 완전히 물속에 거꾸로 잠긴 모습을 보여주었다.

과연 명산이로세!

아름다운 일출봉!

〈일출봉〉, 74×48cm, 수묵, 2009

일출봉을 먼 곳에서만 그리다가 이 날은 아주 산 가까이 가보았다. 일출봉 남쪽 해안을 그리기 위해서였다. 시야의 폭은 좁았지만, 나무·바위·흙덩이들을 자세히 관찰하는 재미가 있었다. 산의 묵직한 양괴(量塊: 부피)감을 화폭에 그리고 싶었다. 한참 현장 사생을 하는데, 한 여인이 때맞추어 물가로 나와 바릇잡이(물가에서 보말·게·소라 등을 잡는 일을 말하는 제주어)를 하려고 서성거리고 있었다. 그 순간을 놓치지 않고 크로키(속사) 기법으로 여인을 재빠르게 그려 넣었다. 인물이 들어감으로써 그림에 생동감이 더해져서 좋았다. 색채 처리까지 현장에서 다 마치고 돌아오는 길은 언제나 기분 좋은 일이다.

〈일출봉 해안〉, 62×45cm, 수묵, 2009

〈산방산의 여름〉, 74×47cm, 수묵, 2008

옛날 옥황상제가 관장하던 신성한 한라산으로 노루를 쫓던 사냥꾼이 들어오게 되었다. 사냥에 정신이 팔려 절대 들어와서는 안 되는 곳인 줄도 모른 채 사냥꾼은 노루를 찾아 여기저기 다닐 뿐이었다. 하지만 노루는 보이지 않고 어느덧 산 정상까지 오르게 되었다. 그때 나뭇가지 사이로 노루가 보이는 것이 아닌가. 기회는 이때다 싶어 사냥꾼은 노루를 향해 화살을 쏘았다. 그런데 아뿔싸, 화살은 목표물을 빗나가서 옥황상제의 배를 건드리고 말았다. 그제야 사냥꾼은 자신이 들어와서는 안 되는 곳에 들어온 것을 깨닫고는 산 아래로 달아났다. 이에 화가 난 옥황상제가 한라산 봉우리를 뽑아 달아나는 사냥꾼에게 집어 던졌는데, 그만 빗나가는 바람에 지금의 산방산이 되었고, 한라산 뽑힌 부분은 백록담이 되었다고 한다.

〈중엄 해변〉, 75×50cm, 수묵, 1996

　제주시 서쪽의 애월읍에는 구엄·중엄·신엄 해변이 있다. 이곳에는 바다를 끼고 있는 기암괴석의 바위들이 많다. 한 마디로 빼어난 풍광을 자랑하는 곳이다. 이 그림은 오전 10, 11시경 광선이 좋은 시간에 그려졌다. 가끔 사생을 하러 나가 보면 배가 지나가곤 한다. 내 그림 속의 배는 모두 떠나가는 배를 표현한 경우가 많다. 혹자는 이를 두고 현실에서 멀리 떠나고 싶어 하는 사람 같다고도 하는데, 이는 정확한 해석은 아니다. 그림 속에서 들어오는 배를 그리면 화면이 좁아 보이고 한정되어버리는 느낌이 들기 때문에 떠나가는 배를 즐겨 그릴 뿐이다. 화면을 시원하게 확장하고 싶은 마음이랄까. 그런데 배는 왜 그리는가. 화면에 조금이라도 생동감을 불어넣고자 하는 것이다.

〈외돌개〉, 75×53cm, 수묵, 1996

일출봉만큼이나 나를 설레게 하는 곳이 외돌개 절경이다. 바다를 향해 깎아지른 바위들이 변화를 자랑하며 도열해 있는 절경은 감탄하지 않을 수 없다.

해안 가까이 조그만 섬처럼 서 있는 바위들. 멀지 않은 곳에 섶섬, 문섬, 형제섬, 범섬 등이 적당한 거리를 두고 바다에 떠 있어 서귀포 해안을 더욱 아름답게 꾸며주고 있다. 서귀포 해안은 꿈속의 풍경을 보여주는 곳이다.

부현일 (제주대학교 명예교수)

〈섭지코지〉, 155×45cm, 수묵, 2008

옛날 섭지코지는 하늘나라의 선녀들이 밤마다 내려와 목욕을 하던 곳이었다. 어느 날, 바다 속 용왕의 막내아들이 마침 이곳을 지나게 되었다. 선녀들의 아름다운 모습에 반한 막내아들은 가까이 다가갔고, 선녀들은 그만 인기척에 놀라 제대로 옷을 입지 못한 채 하늘나라로 올라갔다. 이 사실을 안 옥황상제는 다시는 섭지코지로 내려가서 목욕을 하지 말 것을 명령하였다.

이런 사실을 모른 채 막내아들은 매일 밤 섭지코지를 찾아갔지만, 선녀들의 모습을 어디에서도 찾을 수 없었다. 선녀들의 모습을 잊을 수 없었던 막내아들은 그만 마음의 병을 앓게 되고, 용왕을 찾아가 선녀와 혼인하게 해달라고 간청을 한다.

아들을 불쌍히 여긴 용왕은 100 동안 지극 정성을 들이면 선녀가 하늘에서 내려올 것이고, 그 때 혼인을 시켜주겠다고 약속을 한다. 그러나 100일이 되었는데도 선녀는 끝내 내려오지 않았다. 용왕은 아들에게 정성을 다했으나 하늘이 허락하지 않는 것이니 그만 포기하기를 권한다. 하지만 막내아들은 그 자리를 떠나지 못하고 선녀를 잊을 수 없어 슬퍼하다가 몸이 굳어져 바위로 변했다고 한다.

전설이 전해지는 섭지코지의 선녀바위

산과 섬을 바라보다

제주의 산과 섬은 육지의 산과 섬과는 달리 화산이 굳어져서 이루어졌다.
성산일출봉, 산방산, 용머리 해안, 섭지코지 등은 여행객들에게 강한 인상을 남기는 곳이다.
한라산의 봉우리가 뽑혀 산방산이 되고 백록담이 되었다는 전설.
선녀를 사랑했지만 이루지 못하고 바위가 되었다는 섭지코지의 선녀바위 전설.
중국 진시황에 의해 탐라국 제왕의 혈맥이 끊어져 버린 것이 용머리 해안이라는 전설.
신화와 전설을 간직한 제주의 이야기는 오늘날까지도 살아 전해지고 있다.

성산일출봉

제주 여행의 대표적 명소이자 제주 7대 비경의 하나인 성산일출봉은 약 5천 년 전 얕은 바다 한가운데 화산이 폭발하여 화산재가 엉겨 굳어 생긴 응회구의 산으로, 높이 182미터다. 성산반도 끝머리 동쪽에 위치하고 있으며, 3면이 깎아지른 듯한 해식애를 이루고 있다. 분화구 위는 99개의 바위 봉우리가 빙 둘러 서 있는데, 그 모습이 마치 왕관 같기도 하고 거대한 성과 같다 하여 성산(城山)이라 불리는 곳이다. 해돋이가 유명하여 일출봉(日出峰)이라고 한다. 일출봉 정상에 오르면 성산반도의 아름다운 모습과 우도 등이 내려다보인다. 유네스코에서 지정한 세계자연유산에 선정된 곳이다. 성산일출봉 정상에서 바라보는 일출은 영주 10경 중 으뜸으로 알려져 있다.

주소 서귀포시 성산읍 성산리 114
문의 064-783-0959
입장료 어른 2,000원 | 청소년 1,000원
주차비 무료
소요시간 1~2시간

화산재가 엉겨 굳어 형성된 응회구의 단면

이생진 시비공원에서 바라본 성산일출봉

❖
❖

섭지코지

기암절벽의 해안과 푸르른 바다를 보며 오르는 언덕이 꽤 멋지고 운치 있는 섭지코지는 〈올인〉의 촬영지로 유명해지면서 제주여행의 필수 코스로 자리 잡았다. 제주의 가장 아름다운 해안 경치를 즐길 수 있는 곳이다. '좁은 땅'을 의미하는 섭지코지는 '섭지'와 '곶'이라는 '코지'가 합쳐져서 불리게 되었다. '코지'는 바다로 돌출된 지형을 말한다. 등대에서 내려다보는 섭지코지의 풍경은 아름답기로 유명하다. 한라산, 성산일출봉 등을 조망할 수 있다. 등대 아래에는 '선녀바위'가 있는데, 용왕의 아들이 선녀를 사랑해서 선녀와 함께 하늘로 승천하려다 용왕의 노여움을 사서 돌이 되었다는 전설이 전해진다. 섭지코지 근처의 지니어스 로사이와 글라스하우스 건축을 함께 둘러보는 코스도 권할 만하다.

주소 서귀포시 성산읍 고성리
문의 064-782-2810
입장료 무료
주차비 소형 1,000원 | 중·대형 2,000원
소요시간 1~2시간

붉은 화산송이가 깔린 등대 아랫길로의 산책은 편안한 즐거움을 안겨준다.

글라스하우스에서 바라본 섭지코지와 선녀바위

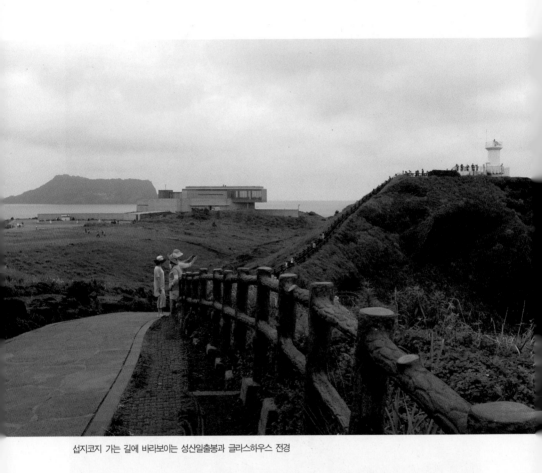

섭지코지 가는 길에 바라보이는 성산일출봉과 글라스하우스 전경

섭지코지 등대

휘닉스 아일랜드와 연결된 초원 산책길

❖
❖

산방산

거대한 위용을 앞세우는 산방산은 인근에 위치한 용머리 응회환과 함께 제주에서 가장 오래된 용암돔이다. 산의 모양이 뫼 '산(山)' 자와 비슷하고 산사에 굴이 있어 '산방(山房)'이라는 이름으로 불린다. 80만 년 전 바다에서 수중 화산 폭발이 일어나 용암이 땅 위로 천천히 흘러 종 모양의 반구형 산방산이 형성되었는데, 높이가 395미터의 기암절벽으로 이루어졌다. 입구에서 오른쪽으로 부처님의 사리를 모신 적멸보궁 보문사와 왼쪽의 산방사 사이의 계단을 따라 220미터만 올라가면 영주 10경의 하나인 산방굴사가 있다. 고려시대 혜일법사가 수도 정진했던 자연 석굴 안에는 불상이 모셔져 있다. 유채꽃과 함께 바라보는 산방산의 아름다움으로 유명하다.

주소 서귀포시 안덕면 사계리
문의 064-794-2940
산방굴사 입장료 어른 1,000원 | 청소년 500원
주차비 무료
소요시간 30분

산방산의 기암절벽

보문사와 산방사 위쪽으로 산방굴사가 보인다.

❖
❖
용머리 해안

바닷속으로 들어가는 용머리를 닮았다고 해서 붙여진 이름이다. 180만 년 전 수중 화산 폭발에 의해 만들어진 제주에서 가장 오래된 수성 화산이다. 산방산과 마주보고 있어서 산방산에서 바라보는 용머리 해안 의 풍광도 아름답지만, 해안선을 따라 난 관람로를 따라가면서 감상하는 기암괴석 의 풍광은 또 다른 매력을 드러낸다. 낙석 위험지대를 기준으로 북쪽 매표소로 진입 하면 200미터까지, 남쪽 매표소로 가면 400미터까지만 갈 수 있어 예전처럼 한 바퀴를 돌 수 없게 되었다. 매표소 근처에 는 17세기에 제주도에 표류했던 네덜란드 동인도 회사 직원이었던 하멜의 여정을 전 신해놓은 하멜전시관이 있어 무료로 관람 할 수 있다.

주소 서귀포시 안덕면 사계리 181-1
문의 064-794-2940
입장료 어른 1,000원 | 청소년 500원
주차비 무료
소요시간 30분
이용시간 9:00~18:00

옛날 중국을 처음으로 통일한 진시황은 탐라국에 자신을 능가하는 제왕이 태어날 것임을 알게 된다. 이에 하루도 마음이 편하지 않았던 진시황은 신하들과의 의논 끝에 풍수사 호종단을 극비리에 파견한다. 호종단은 땅속을 훤히 들여다볼 수 있는 인물로, 탐라국에 제왕이 절대 태어날 수 없도록 그 혈과 맥을 끊어야 하는 명령을 받고 탐라국으로 오게 된다. 혈과 맥을 찾아다니며 좀처럼 그 기운을 찾을 수 없었던 어느 날, 산방산에 도착한 호종단은 산방산의 맥을 타고 드넓은 바다로 뛰어드는 용을 보게 된다. 그리고 그 용이 바로 자신이 찾던 혈맥임을 단번에 알아차리게 된다. 바다로 막 뛰어들려는 용에게 달려들어 용의 꼬리를 한 칼에 끊어버린 호종단은 용의 잔등을 내리쳐 끊은 후 용의 머리를 내리친다. 그러자 검붉은 피가 솟구치면서 온몸을 감싸 안은 용은 그대로 커다란 언덕으로 변해 버렸는데, 그것이 지금의 용머리 해안이 되었다고 한다.

사계해안에서 바라본 산방산과 용머리 해안

❖
❖

송악산

송악산에 오르면 우리나라 최남단 마라도가 보이고, 산방산, 한라산, 형제섬, 그리고 사계해안 등 제주의 빼어난 절경을 한눈에 다 담을 수 있는 곳이다. 바닷길을 따라 걷는 산책로는 편안하고 목가적 풍경을 즐길 수 있는 곳이다. 전망대까지 걷다 보면 발아래 펼쳐지는 해안 절경과 맑은 바다가 아름답게 펼쳐져 있어 가장 제주다운 풍경을 만끽할 수 있다. 올레 10코스의 종착점이며, 한국에서 가장 아름다운 장소 10곳 중 하나이기도 하다. 아이러니하게

도 이 아름다운 명소는 제2차 세계대전 당시 일본이 중국 침략의 발판으로 삼았던 곳이다. 현재는 당시 건설한 비행장, 고사포대와 포진지, 비행기 격납고 잔해 등이 흩어져 있고, 해안가의 절벽 아래에는 해안참호 15개소가 남아 있다.

주소 서귀포시 대정읍 상모리 131
문의 064-120
입장료 무료
주차비 무료
소요시간 1시간

송악산 정상 가는 길

송악산 지질의 한 단면

바닷길을 따라가며 바라본 산방산과 사계해안

송악산 바닷길에서 바라본 산방산, 한라산, 형제섬

형제섬

서귀포의 풍경에 기쁨과 슬픔을 담아내다

김성란

제주대학교 미술교육학과에서 서양화를 전공하였다. 서귀포에서 태어나 자랐고, 잠깐의 교직생활 후 결혼과 함께 서울로 옮겨 생활하다가 최근 서귀포에 작업실을 마련하였다. 서귀포의 아름다움을 간결한 필치와 절제된 색채로 재해석한 풍경화는 서귀포의 재발견이라는 평을 받고 있다. 4회의 개인전을 열었으며, 다수의 해외 교류전 및 아트페어에 참여하였다. 2013년에는 이중섭 창작스튜디오 입주 작가로 활동하기도 했다. 대한민국 수채화공모전과 대한민국미술대전 구상 부문에서 특선을 수상하였다. 현재 한국미술협회, 한라미술협회 등의 회원으로 활동하고 있다.

그는 그림을 통해 이렇게 말한다.

"내 그림을 보면서 누구인지 몰라도,

힘든 사람들이 희망을 느꼈으면 좋겠다."

어쩌면 그것은 자기에게 주는 메시지가 아닐까.

그의 화면은 깊고 밝은 색채의 대비처럼

인간의 삶이 갖고 있는 슬픔과 기쁨이 풍경에 녹아 있다.

- 허영선(시인)

〈내고향 서귀포〉, 53.5×45.5cm, 캔버스에 오일, 2005

서귀포에 마련한 작가의 작업실

절제된 터치와
강렬한 색채로
서귀포의 아름다움을 그리다

　화가 김성란과 나는 제주도에서도 서귀포, 그 서귀포 안에서도 같은 아
랫마을 출신이다. 천지연과 서귀포항, 자구리 해안이 손 닿을 듯 가까운
거리에 있는. 서귀포 하면 사람들은 으레 천지연 폭포와 정방 폭포를 떠올
린다. 수학여행이나 단체여행을 가면 늘 이곳에 들러서 기념사진을 한 장
찍곤 했으니까.

　그러나 우리에게 더 익숙한 풍경은 자구리와 고랫공장 근처의 바닷가,
그리고 외돌개였다. 그중에서도 자구리 해안은 꼬맹이들의 일상적인 놀이
터이자 해수욕장이었다.

작업실 문앞에 걸린 명패

〈아름다운 서귀포 1〉, 65.2×53cm, 캔버스에 아크릴, 2013

"제주의 바람, 바람의 냄새, 비, 비 온 후의 햇살,
다시 만나고 싶은 추억을
더듬는 작업을 하고 있다.
아득히 멀리 보이던 섬이 지금은 가깝게 와버렸다.
그러나 내 마음속의 섬은 아니다.
마음속의 섬을 찾는 작업이 계속 될 것이다."

초등학교로 채 입학하기 전 나이 어린 여자아이들은 고무 다라이나 양은 대야에 팬티 한 장과 수건을 달랑 넣어 옆구리에 끼고선 자구리 해안으로 향했다. 해안가에는 하이얀 모래 대신 새까만 현무암이 삐죽삐죽 솟아 있었고, 바다 속에도 똑같은 바위가 아이들의 여린 발을 위협했다.

수영용 신발이 따로 없던 시절, 한 시간쯤 헤엄을 치고 나오면 발바닥이 갈라져 쓰리고 아팠다. 심지어 피를 철철 흘리는 아이도 있었다. 그래도 아이들은 햇볕에 달궈진 바위 위에서 젖은 몸을 말린 뒤, 그 몸이 적당히 달궈질 무렵 다시 물속으로 뛰어들었다. 화가 이중섭의 은박지 그림에 등장하는 게와 벌거벗은 아이들은 영락없이 우리들의 어린 시절 모습이었다.

실컷 짠물을 들이키고 나면 귓속은 멍멍해지고 목은 한없이 따가웠다. 뱃가죽은 등에 딱 달라붙고. 그건 집에 돌아가야 할 때가 되었다는 신호였다. 허나 자구리 해안에서 집까지 가는 길은 길고도 길었다. 특히 작렬하는 태양빛 아래서는.

〈자구리 해안〉, 116.7×72.7cm, 캔버스에 오일, 2015

집에 채 이르기도 전에 몸은 다시 뜨뜻해지고, 길에서 만난 아이들은 바닷가로 가자고 유혹했다. 늦었다고 혼날까봐 망설이는 것도 잠시. 나는 동무들과 함께 자구리 바닷가로 되돌아가곤 했다.

성란이네 집은 우리집에서 자구리로 가는 길 중간에 있었다. 당시에는 보기 드문 이층 길다란 양옥집 '남성여관'이 바로 그녀의 집이었다. 그녀는 얼굴이 하이얗고, 말수가 별로 없었고, 자태가 단아했다. 토박이 제주 출신인데도 마치 단편 '소나기'의 여주인공 소녀 같은 분위기였다. 피부가 훌러덩 벗겨질 정도로 새까맣고, 꽥꽥 소리 지르며 날뛰던, 야생적인 우리와는 여러모로 달랐다. 말없이 미소만 짓던 착한 그녀에게, 솔직히 고백하자면, 이질감 비스무레한 것을 더 많이 느꼈던 것 같다.

중학교에 진학한 뒤에는 심지어 한반이 되었다. 그때부터 막연한 이질감

〈법환포구〉, 53×45.5cm, 캔버스에 오일, 2015

〈아름다운 서귀포〉, 162×130cm, 캔버스에 오일, 2015

과는 또다른 질투심을 느끼게 되었다. 중학교 미술 선생님은 한 학기 내내 손 데생을 시켰다. 그녀가 그린 손과 내가 그린 손은 같은 손으로 그렸는데도 왜 그리도 달랐는지. 눈과 마음과 손 사이의 심각한 간극과 불일치! 처음으로 내 손재주에 깊은 좌절감을 느꼈다. 2006년 가을 스페인 산티아고 800킬로미터를 두 발로 걷기 위해 길을 떠났다. 내 어릴 적 상처를 알 리 없는 한 후배가 열두 가지 색연필을 선물로 주었다. 아름다운 풍경을 접할 기회가 많을 테니 메모도 좋지만 스케치도 가끔 해보라면서. 손을 움직이는 것이야말로 좋은 마음공부가 된다는 조언도 곁들였다.

그 산티아고 여정의 첫 기착지인 피레네 산중 어딘가에서 이젤을 세워 놓고 스케치에 몰두하는 한 남자와 마주쳤다. 성란이 생각이 절로 났다. 그녀가 이곳에 있었더라면 저렇게 그림을 그리고 있을 텐데, 하는. 나는 붓 대신 펜을 잡고 메모를 휘갈겼다.

그런 것이다. 인생이라는 것은, 사람이란 것은. 같은 풍경을 놓고서도 붓으로 말하는 사람과 언어로 기록하는 사람이 있는 법이다. 정신적 지문이 다 다르기 때문이다. 어릴 적에는 그런 차이를 아름답게 수긍할 수 없어서 참 고통스러웠다. 그러나 이제는 즐겁게 인정하고, 기쁘게 받아들인다. 친구 성란이가 화가로서 이룬 성취를. 성품 그대로 단아하고 고요한 듯하면서도 엄청난 열정을 그안에 숨기고 있는, 열정마저도 그녀답게 절제된 감각으로 표현해내는 화가 김성란의 그림을 보는 재미가 쏠쏠하다. 그녀가 도달한 오늘의 성취는 결혼을 하고서도, 아이를 낳고서도, 붓을 놓지 않는 그녀의 열정과 쉬지 않는 노력 덕분일 것이다.

송악산에서 바라본 산방산

〈산방산〉, 72.7×53cm, 캔버스에 오일, 2013

　　그러나 난 딴지를 걸고 싶다. 화가 김성란의 감수성을 키운 8할은 서귀포의 자연일 거라고, 그녀로 하여금 평생 붓을 못 놓게 만든 건 서귀포의 물빛 바다와 하늘일 거라고.

서명숙 (제주올레 이사장)

〈섶섬〉, 90.9×72.7cm, 캔버스에 오일, 2013

서귀포항에서 바라본 섶섬

옛날 섶섬에는 머리 양옆에 귀가 달린 커다란 뱀 한 마리가 살고 있었다. 뱀에게는 용이 되고 싶은 소원이 있었다. 뱀은 소원이 이루어지기를 바라면서 매달 음력 초하룻날과 여드렛날마다 용왕님께 용이 되게 해 달라고 3년 동안 지극정성을 다하며 기도를 했다. 뱀의 정성에 감동한 용왕은 뱀의 소원을 이루어주기로 하여 뱀을 찾아갔다. 용왕은 뱀에게 "용이 되어 승천을 하려면 야광주가 필요하다. 그 야광주를 섶섬과 지귀섬 사이에 숨겨 놓을 테니 찾아서 용이 되거라"라는 말을 남기고 사라졌다. 뱀은 소원을 이룰 수 있다는 기쁜 마음으로 섶섬과 지귀섬 사이를 오가며 매일같이 야광주를 찾으러 다녔다. 그러나 수심이 깊고 암초와 해초, 산호가 많아 도저히 야광주를 찾을 수가 없었다. 섶섬과 지귀섬 사이를 다니며 야광주를 찾아나선 지 어느덧 100년이라는 시간이 흘렀다. 그러나 100년이 지나도 야광주는커녕 아무것도 발견하지 못한 뱀은 지쳐갔고, 용이 되지 못한 원통한 마음을 간직한 채 바다 속에서 숨을 거두게 되었다. 그 후로 소원을 이루지 못한 뱀의 한 때문에 비가 내리는 날에는 섶섬 봉우리에 안개가 껴 주변을 가리는 현상이 일어난다고 한다.

〈성산포의 봄〉, 53×37cm, 캔버스에 오일, 2007

작가가 느끼고 재해석하는 간결한 자연이야말로 훨씬 보는 이로 하여금
깊은 숨을 쉬게 하고, 보다 더 자연이 오묘함에 가깝게 인도하고 있다.
다양하면서도 절제된 색채도 우리에게 친밀감을 더해주고
곁에 두고두고 보고 싶은 충동을 야기시켜주어 스스로 즐거움에 빠져들게 해 준다.
이러한 오묘한 유인책이야말로 그림을 우리에게 가까이 느낄 수 있게 해 주고
감상하는 즐거움을 주어 기분이 좋다.

- 강길원 (공주대학교 명예교수)

작가는 자연이 빚어내는 인상적인 장면을 즉흥적으로 화면에 옮겨왔다.
시시각각 바뀌는 날씨에 따라 매순간 변화하는 자연 풍경들이
강렬하고 함축적인 색채와 질감으로 형상화되었다.

– 〈제주일보〉 기사에서

〈일출봉〉, 72.7×53cm, 캔버스에 오일, 2015

서귀포 칠십리를 걷다

제주시와 다르게 서귀포시에는 뛰어난 해안 절경을 가진 곳이 많다.
예로부터 이곳은 서귀포 칠십리라 해서 해안을 따라 펼쳐지는 아름다운 풍광으로 유명하다.
이중섭 거리를 시작으로 칠십리 시공원에서 서귀포항으로 이어지는 길 위에는
천지연 · 정방 폭포가 있고, 자구리 해안 · 황우지 해안 · 외돌개 · 쇠소깍이 있다.
새연교로 건너가 새섬을 둘러보면서 섶섬 · 문섬 · 범섬을 바라보는 것만으로도
서귀포 해안을 따라 걷는 여행은 제주 여행의 하일라이트라고 할 수 있다.

❖
❖

이중섭 거리

천재화가 이중섭(1916~1956)의 비극은 한
국전쟁과 함께 시작한다. 일본인 이남덕
(야마모토 마사코)과 결혼해서 북한의 원산
지역에 살고 있던 이중섭은 한국전쟁이
한창이던 1951년 1월경 그리다 만 풍경
화 한 점을 들고 아내와 두 아들을 데리고
조카 이영진이 먼저 와 있던 제주도로 들
어왔다. 서귀포에 도착한 이중섭 가족에
게 마을 반장 부부는 4.6㎡(약 1.4평) 정도
의 방을 하나 내주었고, 1951년 12월 경
부산으로 떠나기까지 11개월 동안 이중
섭은 어려운 환경에서도 서귀포의 섬·
게·물고기·아이들·귤을 소재로 작품
활동을 이어갔다. 1952년 가난을 피해
아내와 아이들이 일본으로 건너간 후, 이
중섭은 가족을 그리워하다가 1956년 가
난과 병마로 짧은 생을 마감했다. 이중섭
의 예술혼을 기리기 위해 1997년 조성된
이중섭 거리는 이중섭 거주지, 이중섭 미
술관, 이중섭 창작스튜디오, 이중섭 공원,
이중섭 공방 등이 있어 지금은 서귀포 여
행의 필수 코스로 자리 잡고 있다.

가족이 함께 살았던 한 평 남짓한 방

주소 서귀포시 서귀동 532-1
문의 064-733-3555
입장료 무료
주차비 무료

복원된 이중섭 거주지

이중섭 문화거리

이중섭 거리의 공방들

🌿 작가의 산책길

'유토피아로(遊土彼我路)'는 '너와 내가 만나 문화를 이야기하며 노니는 곳'이라는 의미가 있다. 서귀포시의 유토피아(작가의 산책길)로는 2012년부터 2013년까지 '지붕 없는 미술관 프로젝트'의 일환으로 형성된 4.9킬로미터에 이르는 거리를 말한다. 유토피아로를 따라가는 길에 제주의 풍경과 멋진 예술 작품을 감상하는 뷰포인트가 있다. 이중섭 공원을 시작점으로 서귀포 해안을 따라 걷기를 권한다.

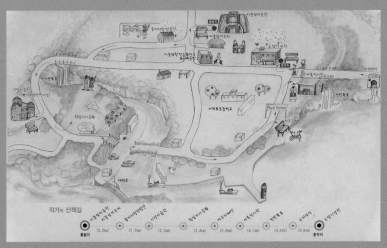

1코스(2.7km) : 이중섭 거리 → 이중섭 거주지 → 이중섭미술관 → 기당미술관 → 칠십리 시공원
2코스(2.8km) : 이중섭 거리 → 자구리 해안 → 소남머리 → 서복전시관 → 정방 폭포 → 소암기념관

✤
✤

이중섭미술관

불운의 천재화가 이중섭을 기리기 위하여 2002년 개관했다. 1996년 서귀포시에서는 한국전쟁 기간 중 피난 와서 살던 이중섭의 초가 일대를 이중섭 거리로 지정하였으며, 1997년 4월 그가 살던 집과 부속 건물을 복원해 이중섭 거주지와 그의 호를 딴 '대향전시실'을 꾸민 후 매년 10월 말 이중섭 사망 주기에 맞추어 '이중섭 예술제'를 개최해왔다. 이를 계기로 이중섭 문화거리를 활성화하면서 이중섭미술관이 설립되었다. 미술관은 이중섭 거주지 바로 위, 서귀포항이 내려다보이는 곳에 위치해 있다. 이중섭의 서귀포 생활이 담긴 작품과 가족에게 보낸 편지 등 이중섭의 예술세계를 접할 수 있는 곳이다. '이중섭미술관 창작스튜디오'를 통해 젊은 예술가들의 창작 의욕을 지원하는 사업도 진행하고 있다.

주소 서귀포시 서홍동 532-1
문의 064-733-3555
입장료 어른 1,000원 | 청소년 500원
휴관일 월요일, 1월1일, 설날, 추석

이중섭, 〈섶섬이 보이는 풍경〉, 41×72cm, 종이에 유채, 1951

이중섭미술관 옥상 위에서 바라본 섶섬

❖
❖

칠십리 시공원

2008년 서귀포 남성마을에 문을 연 공원으로 '서귀포를 아시나요', '내고향 서귀포' 등 서귀포를 주제로 한 작품들이 전시되어 있다. 박목월, 이생진 시인을 비롯한 유명 시인의 시비 12기와 3기의 노래비가 공원에 배치되어 있다. 마을공공미술 프로젝트의 일환으로 갤러리유토피아가 들어서 있고, 다양한 조형 작품들을 감상하는 재미도 있다. 전망대로 안내하는 길을 따라가다 보면 위에서 아래로 떨어지는 천지연 폭포를 감상할 수 있는데, 이곳

은 가장 아름다운 천지연 폭포의 장면을 보여주는 곳이다. 최남단답게 매화가 빨리 피기 때문에 3월에서 4월 사이에 방문하면 화려한 꽃길을 느낄 수 있다. 제주 올레길 6코스에 포함되어 있고, 가까운 거리에 기당미술관이 위치해 있다.

주소 서귀포시 서홍동 2565
문의 064-760-3946
입장료 무료
주차비 무료

칠십리 시공원의 시비

전망대에서 바라본 천지연 폭포

❖
❖
기당미술관

제주가 고향인 재일교포사업가 기당(寄堂) 강구범에 의하여 건립되어 서귀포시에 기증하였으며, 1987년 7월 1일 개관하였다. 상설전시실에는 제주의 화가인 변시지의 작품이 연중 전시되어 있고, 국내외 650여 점의 주요 미술 작품을 소장하고 있다. '폭풍의 화가'로 잘 알려진 변시지 화백은 1926년 제주도 서귀포시에서 태어나 오사카와 서울, 제주에서 활동하다가 2013년 6월 8일 타계하였다. 그는 바람과 빛의 절묘한 배합으로 제주의 산하를 표현함으로써 세계인의 시선을 제주로 이끄는 데 지대한 공헌을 했다. 황톳빛 바탕에 간결한 필치를 통해 독창적 예술 세계를 구축했으며, 미국 스미소니언 뮤지엄에도 그의 작품이 전시되어 있다.

주소 서귀포시 서홍동 621
문의 064-733-1586
입장료 어른 400원 | 청소년 300원
주차비 무료
휴관일 화요일, 설날, 추석
이용 시간 9:00~18:00

변시지, 〈태풍〉, 228×182cm, 캔버스에 유채, 1986

상설전시실에 재현된 변시지 화백의 방

자구리 해안

서귀포의 바다는 바다 중에서도 아름다운 바다로 유명하다. 서귀포 앞바다에는 섶섬·문섬·범섬 등이 일렬로 늘어서 있는데, 대부분 작은 무인도이지만 한라산보다 역사가 오래되었다. 섶섬과 문섬이 내려다보이는 이곳 자구리 해안에서 이중섭은 아이들과 함께 게를 잡으며 생의 가장 행복한 시간을 보냈다. 서귀포에서의 추억은 〈서귀포의 환상〉, 〈섶섬이 보이는 풍경〉, 〈두 아이와 물고기와 게〉 등의 작품으로 남았다. 자구리 해안은 문화예술

공원 지정된 후 정미진 작가의 〈게와 아이들-그리다〉라는 작품을 비롯하여 여러 작품들이 섶섬을 배경으로 인상적으로 설치되어 있어 최근에 더 유명해졌다. 이중섭에 대한 추억과 섶섬의 아름다움을 느껴보기에 더할 나위 없이 좋은 곳이다. 서귀포 해안의 풍경과 예술이 만나 이루어낸 장소이다.

주소 서귀포시 서귀동 70-1
문의 064-760-3192
주차비 무료

자구리 해안에서 바라본 섶섬

자구리 해안에서 바라본 주상절리

새연교와 새섬

제주도의 전통배 테우의 모양을 형상화시킨 새연교는 2009년 9월 완공되어 서귀포항과 새섬을 연결시켜주는 다리다. 무인도였던 새섬에 연결된 새연교는 올레 6코스에 포함되어 있는 곳으로 길이 169미터로 우리나라의 가장 긴 보도교로 알려져 있다. 서귀포항에서 바라보는 일몰이 아름답다고 소문이 나면서 일몰 시간에 이곳을 찾는 발걸음이 많아졌다. 새연교를 건너 새섬으로 들어가면 서귀포항의 모습을 비롯해 문섬과 범섬 등을 바라볼 수 있도록 산책길이 잘 꾸며져 있다. 옛날부터 초가지붕을 잇는 '새(띠)'가 많아 새섬이라고 불린 새섬은 한라산이 화산 폭발하면서 봉우리가 꺾여 이곳으로 날아와 섬이 되었다는 전설이 전해진다. 새연교 근처 서귀포층 패류화석 산지도 살펴볼 만하다.

주소 서귀포시 서홍동
문의 064-760-3471
입장료 무료
주차비 무료
소요시간 40분

서귀포층 패류화석 산지

새섬에서 바라본 한라산과 서귀포항

❖
❖

천지연 폭포

'하늘과 땅이 만나서 이룬 연못(天地淵)'이라 불리는 천지연 폭포는 정방 폭포·천제연 폭포와 더불어 제주 3대 폭포로 알려져 있으며, 제주 명승 중의 명승으로 유명하다. 높이 약 22미터, 수심 약 20미터로 기암절벽 아래로 떨어지는 물줄기는 웅장함을 자랑한다. 폭포로 가는 산책길에는 난대성 상록수와 양치식물 등 빽빽하게 우거진 숲을 이루는데, 한여름에도 시원하다 못해 추위를 느낄 정도이며, 천연기념물과 희귀식물들이 다양하게 서식하고 있어 신비한 자연생태를 느낄 수 있는 곳이다. 또한 수심 20미터 아래에는 열대어의 일종인 무태장어(천연기념물 제27호) 서식지이다. 이곳은 '세계 7대 자연경관'과 '생물권 보존지역', 그리고 '세계지질 공원' 등에 선정되었다.

주소 서귀포시 천지동 667-7
문의 064-733-1528
입장료 어른 2,000원 | 청소년 1,000원
주차비 무료
소요시간 40분

천지연 폭포 산책로

천지연 폭포

외돌개와 황우지 해안

외돌개는 화산이 폭발하여 분출된 용암지대에 파도의 침식 작용으로 형성된 돌기둥이 서 있어서 붙여진 이름이다. 높이는 20미터고 폭은 7~10미터다. 외돌개는 여러 이야기가 전해져 오는데, 고려 공민왕 23년에 최영 장군이 원나라 점령군의 잔류 세력을 칠 때 이 바위를 장군처럼 꾸며 놓아서 적군이 자멸하게 했다고 하여 '장군석'이라고 부르기도 한다. 제주올레 서명숙 이사장은 돔베낭길에서 외돌개까지 2.6킬로미터에 이르는 길을 '세상에서 가장 아름다운 산책로'라고 말한다. 제주도 올레길을 다 걸을 수 없는 일정이라면 1시간 정도 걸을 수 있는 이곳 올레길 7코스 외돌개 길이 가장 아름답고 감동적이다. 외돌개 산책길로 가기 전에 황우지 해안으로 내려가는 길도 숨어 있는 비경으로 알려져 있다.

주소 서귀포시 서홍동 791
문의 064-760-3030
입장료 무료
주차비 무료

외돌개 산책로 너머로 보이는 문섬

황우지 해안

외돌개 산책로를 따라가며 보이는 남쪽 바다

올레 6코스 외돌개 산책로

외돌개 해안 절경

옛날 서귀포 한 마을에 고기잡이를 하며 살던 금슬 좋은 노부부가 살았다. 여느 날처럼 하르방이 바다로 나가려고 할 때 할망은 왠지 모를 불길한 마음에 사로잡혀 하르방을 붙잡았다. 그러한 하르방은 걱정하지 말라며 어망을 메고 바다로 향했다. 그런데 할망의 예감대로 갑자기 시커먼 구름이 몰려와 바다를 삼킬 듯이 내리는 것이 아닌가. 할망은 바다로 나가 하르방을 애타게 불렀지만, 하르방의 모습은 찾을 수 없었다. 비바람은 멈추고 바다는 평화를 되찾았지만, 하르방은 돌아오지 않았다. 이때부터 식음을 전폐하고 바다로 나가 하르방을 애타게 부르던 할망은 차츰 몸이 굳어져 바위로 변해버렸다. 그 순간 그처럼 간절히 찾던 하르방의 시신이 바위 밑에서 떠올라 그 곁에서 돌이 되었다고 한다. 그 후 이 외돌개를 할망바위라고 한다.

법환포구

서귀포시 법환동은 한라산을 기준으로 정남쪽에 위치해 있다. 법환포구를 따라 9킬로미터에 이르는 해안도로는 제주 올레 7코스로 올레꾼들이 가장 사랑하는 자연 생태길이다. 범섬을 바라보며 산책로를 따라 걷다 보면 작은 선착장이 보이고, 언덕으로 올라가면 커다란 나무 그늘 아래 작은 올레 쉼터가 있다. 이곳에서 바라보는 범섬과 법환포구는 평화로움과 고즈넉함을 전해준다. 법환포구 앞바다에 보이는 범섬은 1374년 고려 말 몽골의 잔존 세력인 묵호와 벌인 싸움에서 승리를 거둔 최영 장군의 마지막 승전지이다. 이로써 제주는 몽골의 지배에서 벗어날 수 있었다. 마을에는 지금도 전쟁과 관련된 지명들이 남아 있다. 대규모 정예군이 군막사를 치고 주둔한 법환포구 일대를 '막숙개'라고 부르고 있다.

주소 서귀포시 법환동
주차비 무료

200

법환포구 가는 해안도로에서 바라본 범섬

법환포구 가는 해안도로에 조성된 올레 7코스 산책길

❖
❖

정방 폭포

정방 폭포는 주상절리로 인한 수직형 폭포에 해당된다. 높이 23미터, 수심 5미터로 폭포수가 수직 절벽에서 바다로 직접 떨어지는 동양 유일의 해안 폭포로 유명하다. 영주 10경의 하나로 알려져 있는데, 여름철 바다에 배를 띄워 바라보면 마치 하늘에서 하얀 비단을 드리운 듯하여 '정방하포(正房夏布)'라고도 불린다. 전설에 의하면, 바다에서 금빛 구름이 솟아오르더니 그 속에서 황금색 용이 나와 한참 동안 폭포를 바라보며 흥에 겨워 춤을 추다 사라졌다고 한다. 근처에는 이왈종 미술관과 서복공원이 가까이 있어 함께 둘러볼 만한 코스로 적당하다.

주소 서귀포시 동홍동 278
문의 064-733-1530
입장료 어른 2,000원 | 청소년 1,000원
주차비 무료
소요시간 30분

정방 폭포

정방 폭포 옆 작가의 산책길에서 보는 섶섬

소천지

소천지는 서귀포시에서 가장 아름다운 마을로 알려진 보목동의 제주 올레 6코스에 속해 있다. 백두산 천지를 축소해 놓은 형상을 닮았다 하여 '소천지'라 부르게 되었다고 한다. 화산 활동 후 용암이 흘러와 굳어서 생긴 해안의 용암바위 사이에 바닷물이 들어와 작은 호수가 생겼는데, 맑은 날이면 이곳에 한라산 정상이 비쳐 보인다고 해서 최근 제주의 숨은 비경이 되었다. 물론 한라산 눈 덮인 정상이 물에 비친 소천지의 풍경을 사진으로 담아내기는 까다롭다. 물때가 만조여야만 하고 아침빛이 비추는 순광에서 가능하다고 한다. 그리고 바람이 불지 않고 잔잔한 물결이어야 한다.

주소 서귀포시 보목동 1252-1
입장료 무료
주차비 무료
소요시간 30분

소천지 가는 길

소천지 나무숲 사이로 보이는 섶섬

❖
❖
쇠소깍

'쇠소'는 '소가 누워 있는 모습의 연못'이라는 뜻으로 '쇠'는 '소'를, '소'는 '연못'을 의미하며, 여기에 '끝'을 의미하는 제주어 '깍'이 더해진 명칭이다. 한라산 백록담 물이 흘러내려 돈내코 계곡을 지나 효돈천(담수)과 제주 바다(해수)가 만나 합쳐진 계곡이다. 쇠소깍은 장군 바위, 큰바위 얼굴, 사랑 바위, 독수리 바위, 사자 바위, 기원 바위, 부엉이 바위, 코끼리 바위 등 용암으로 이루어진 기암괴석으로 둘러싸여 아름다움을 연출한다. 또한 울창한 송림과 하식작용에 의한 하천지형에 의해 절경을 이루는 명승지이다. 수심이 깊고 땅에서 솟아나는 용천수가 흘러나와 여름에도 그 물이 차갑기로 유명하다. 2002년 유네스코 생물권보존지역으로 선정되었다.

주소 서귀포시 하효동 995
문의 064-732-1562
주차비 무료
소요시간 30분

쇠소깍 계곡

쇠소깍의 기암괴석

제주 돌과 흙으로 제주의 삶을 만지다

허민자

서울대학교 미술대학 응용미술학과를 졸업하고, 이화여자대학교 디자인대학원에서 요업디자인을 전공하였다. 20대에 제주로 건너와 40여 년을 제주에 살면서 제주대학교에서 후학을 양성하며 작품 활동에 전념하였다. 제주의 색과 따뜻한 흙의 특성을 표현한 작품들을 가지고 십여 차례의 개인 도예전을 개최하였다. 2006 제주특별자치도 문화상을 수상하였고, 현재 제주대학교 명예교수이자 심헌갤러리 관장이다. 심헌갤러리 옆에 사랑방 같은 '마음마루' 갤러리 카페를 열어 예술인들과의 소통을 이어가고 있다.

늘 내 가까이 있는 제주의 산, 나무, 바다, 돌…

이들은 언제나 내 작품의 소재가 되어주었으며,

나의 조형적 작업에 무한한 에너지를 부여하는 근원이 되어왔다.

제주 고유의 재료적 특성을 살려 화산암을

조형적으로 단순화시키고 형상화함으로써

돌의 섬인 '제주의 이미지'를 표현하려 하였으며,

이러한 일련의 작업들은 매우 흥미로웠고 큰 기쁨이었다.

〈Old Mate〉, 280×200×H600·280×200×H720, 석기점토, 1996

〈가족〉, 250×250×H1100· 240×240×H1070cm, 산청점토, 1998

제주의 공기와 바람은
섬 안의 사람들을 흔들리게 하고,
작가는 그 흔들리는 순간을 포착하고 싶다

섬사람들에게는 육지라고 부르는 곳이 있다. 그들에게 그곳은 동경의 장소이기도 하지만 선뜻 받아들일 수 없는 이질감의 동네이기도 하다. 제주도 역시 섬인지라 그들만이 품고 있는 육지에 대한 정의가 있다. 그 반경 안에 들어가 있든 없든 육지에서 온 사람들은 자신에게 부여된 여러 편견들 앞에 서야 하고, 이것을 부서뜨리려면 꽤 오랜 시간이 걸린다.

허민자는 육지에서 온 섬사람이다. 제주는 그에게 무엇을 주었을까? 어째서 그는 언제나 제주를 얼싸안고 황홀해 하는 걸까?

작가의 작업실과 쉼터가 있는 심헌도예원 입구

〈岩-빛〉, 180×180×H600cm, 조합토, 1995

바닷가에 수없이 널려져 있는 현무암과 바위벽들은 바람과 파도에 씻기면서 인간의 힘으로는 흉내 낼 수 없는 형태와 색상의 조화를 갖추고 있다. 특히 어느 한 개도 같지 않은 현무암의 다양한 형태의 기공들은 나의 작품 속에서 눌려지기도 하고 뚫리기도 하면서 응용된다.

작가의 작업실 전경

제주도의 그윽한 맛을 느끼려면 관광지라는 껍질을 벗겨내야 한다. 제주의 자연 풍광은 모든 사람들을 설레게 만들지만, 정작 마음 깊이 울리는 것은 풍경이 아닌 그 안에 담겨 있는 공기와 바람에 있기 때문이다. 그곳에 오래 머물면 공기가 실어다주는 신비로움을 체험하게 된다. 바람은 섬 안에서 분다. 그 흐름에 따라 나무가 흔들리고 갈대가 흔들리고 사람들이 흔들린다. 허민자는 그 흔들리는 순간을 포착하고 싶다.

섬의 울타리는 바다이다. 요즘 아무리 교통이 발달했다고 해도 섬의 담장을 넘으려면 여러 번 숨을 내쉬어야 한다. 내 발로 걸어 나올 수 없으니 마음대로 할 수 있는 것은 아무 것도 없다. 그래서 멀리 수평선을 내다보며 그 뒤에 있는 세계를 동경하게 된다. 물론 수평선 너머의 동네를 안 가본 것은 아니다. 그런데 미지의 세계가 있는 것처럼 꿈을 꾸고 싶어진다. 허민자는 그런 꿈을 묘사하고 싶다.

〈쌈-세월〉, 280×240×H400cm, 석기점토, 1991

〈쌈-섭리〉, 석기점토, 400×160×H360cm, 석기점토, 1991

〈岩-주상절리〉, 제주점토, 400×1250×H350cm, 1993

화산 활동으로 태동된 제주도는 그 생성부터 이미 장엄한 조형미를 갖추었으나 오랜 세월에 걸친 풍화 작용과 매스 무브먼트에 의해 인위적으로는 도저히 이룰 수 없는 신비한 아름다움을 지니게 되었다.

화산 활동시 마그마의 기포로 인해 생긴 암석의 크고 작은 기공들, 화산암의 조성 성분의 차이에 따라 침식이 강하게 나타난 부분과 약한 부분의 요철 변화, 여러 종류의 암편들을 포획하여 굳어진 쇄설암 등은 특유의 조형성을 갖는다.

바다는 섬 안에 있는 사람들을 속절없이 내치기도 하지만, 부드럽게 보듬기도 한다. 제주의 바다는 언제나 투명한 초록빛이다. 속이 훤히 들여다보이는 바다를 보고 있으면 세상이 환해진다. 발견이란 깨달음이다. 이내 똑같은 곳에서도 언제나 새로운 발견이 우리를 기다린다. 허민자는 그러한 발견을 나누고 싶다.

화산섬인 그곳에 가면 독특한 흙과 돌이 널려 있다. 구멍이 숭숭 뚫려 있는 현무암과 검은 흙의 다채로움은 분명 육지 사람들에게 색다른 것이다. 그러나 그 안에 있으면 오히려 육지 풍경이 어색하다. 그렇게 우리의 기준이란 각각의 눈높이에 따라 변하고 맞추어지며, 비로소 각자의 앵글을 갖게 된다.

허민자는 무엇을 볼까? 제주의 자연은 그에게 최고의 스승이 되어주었다. 그의 시선은 자연의 변화에 고정되고, 그 안에서 일어나는 모든 것이

〈세월 속에 묻힌 허벅〉, 제주점토, 160×1600×H230cm, 1995

〈돌들의 사랑이야기〉, 산청점토, 900×2500×H1100cm, 2003

경이롭다. 자연은 그를 가슴 벅차게 만들며 끝없이 에너지를 제공한다. 허민자는 그런 자연에게 응답하고 싶다.

제주의 흙에는 철분이 많다. 그래서 가마의 환경에 따라 붉은색이 곱게 피어나기도 하고, 온도에 따라 검은 현무암의 기질을 고스란히 드러내기도 한다. 이렇듯 제주의 점토가 제 색깔을 가지고 있듯 허민자에게도 제 색이 있다. 그것은 제주라는 섬을 벗어나지 않는다. '섬'은 그렇게 허민자에게 많은 생각을 물어다주었다.

김숙경 (미술평론가)

〈사랑이신 예수님〉, 22x15xH60cm, 조합토, 2010

〈가슴에 계신 하느님〉, 250×180×H550cm, 조합토, 2006

〈성모님의 사랑〉, 270×200×H770cm, 조합토, 2008

기도, 28x20xH76cm. 조합토, 2010

나는 제주의 흙과 제주의 돌을 사랑한다. 그래서 제주의 돌을 형상화시킨다.

그리고 그 안에 나의 사랑을 담는다.

내 작품을 보는 이들이 내가 전하는 사랑을 느꼈으면 좋겠다.

서로 용서하고, 서로 화해하며, 서로의 사랑을 얘기했으면 좋겠다.

그래서 서로를 신뢰하는 아름다운 세상으로 한 걸음 다가갔으면 한다.

〈화해〉, 270×210×H540cm, 조합토, 2007

화산섬을 느끼다

제주는 물과 불이 만나 이루어진 화산섬이다. 뜨거운 용암이 찬 바닷물과 만나자
용암은 급격히 식고, 물은 끓어오르는 격한 반응과 함께 큰 폭발이 일어났다.
화산 폭발로 쌓인 지층은 물결무늬를 이루었고,
땅 밑에는 용암이 흐르면서 용암 동굴들이 생겼다.
용두암, 주상절리, 큰엉 해안경승지 등은 화산섬 제주의 신비를 보여주는 소품과 같다.
바다와 만나 이루어진 기암절벽의 또 다른 풍경을 만나보자.

대포 주상절리

대포 주상절리는 제주의 많은 주상절리 중 대표적인 곳이다. 주상은 기둥을 의미하며, 절리는 용암이 바닷물을 만나 급속히 식으면서 5, 6각형의 모양으로 수축한 형태로, 마치 조각칼로 깎은 것 마냥 정교하다. 이곳 주상절리는 사각형·오각형·육각형, 심지어 칠각형까지 갈라져 있기도 하다. 높이가 30~40미터이고 길이가 1킬로미터에 육박하여 우리나라 최대 규모를 자랑한다. 바다를 배경으로 검은 돌기둥이 마치 한 폭의 병풍처럼 에둘러져 있어서 보는 이들 모두가 그 아름다움에 빠지게 된다. 파도가 높이 칠 때면 이곳의 진면목이 드러나는데, 에메랄드빛 바닷물이 절벽에 부딪히며 하늘로 솟구치는 모습은 가히 장관이다. 이런 모습으로 인해 제주 7대 명품 비경에 선정되었다.

주소 서귀포시 중문동 2663-1
문의 064-738-1521
입장료 어른 2,000원 | 청소년 1,000원
주차비 경차 500원 | 소형 1,000원 | 승합 2,000원

파도의 하얀 포말과 만나 아름다움을 전해주는 주상절리 기둥

자연이 만든 5, 6각형의 형태가 마치 조각칼로 깍은 듯 정교하다.

❖
❖

갯깍 주상절리

정교하게 다듬어진 거대한 6각 기둥의 기암절벽들이 하늘을 향해 수직으로 뻗어 있다. 마치 신들이 만들어놓은 듯한 장엄함을 안겨주는 곳이다. 최대 높이가 40센티미터가 되고, 길이가 최대 1킬로미터가 넘는 우리나라 최대의 주상절리를 자랑하는 곳이다. '갯깍'은 바다를 뜻하는 '갯'과 끝을 뜻하는 '깍'이 합쳐진 제주 방언이다. 중문관광단지의 하얏트 호텔 앞 해안에서부터 서쪽으로 약 1킬로미터 떨어진 서귀포 바다 끝에 깎아지른 듯한 거대한 6각 기둥들이 병풍처럼 에둘러져 있다. 이곳에는 길이 25미터의 해식동굴과 선사시대 유적들이 출토된 다람쥐 동굴(다람쥐는 박쥐를 말함)이 있는데, 모두 천연동굴의 숨겨진 비경을 보여준다.

주소 서귀포시 색달동 3217
문의 064-760-2114
입장료 무료
주차비 무료

1킬로미터 넘게 펼쳐진 갯깍 주상절리

동굴 안에서 바다본 바다

❖
❖

대평 박수기정 주상절리

대평포구에 위치한 박수기정 주상절리는 130미터 높이의 깎아지른 절벽이다. '박수기정'은 바가지로 마실 샘물(박수)이 솟는 절벽(기정)이라는 뜻이다. 거대한 절벽 덩어리가 바다 한가운데에 떡 버티고 있는데, 이 주상절리에서는 절벽에서 샘물이 솟아나와 흘러내리고 있다. 물때를 잘 만나면 해안길에서 박수기정의 기암절벽과 절벽에서 솟아나는 샘물을 감상할 수 있다. 그리고 박수기정 정상에 오르면 대평리 마을과 울창한 송림, 그리고 짙푸른 바다가 한눈에 들어온다. 이 아름다운 절경에 반해 장선우 영화감독은 대평리에서 '물고기카페'를 운영하고 있다. 올레 9코스에 해당하는 곳이다.

주소 서귀포시 안덕면 감산리 982-2
문의 064-762-2190
입장료 무료
주차비 무료

박수기정의 저녁 일몰 풍광

대평포구

❖
❖

남원 큰엉 해안경승지

큰엉이란 '큰 바위 덩어리가 바다를 향해 입을 크게 벌리고 우뚝 서 있는 언덕'이라 해서 붙여진 이름이다. 이곳에는 높이 15~20미터에 이르는 검은 용암 덩어리의 해안 기암절벽들이 마치 성을 쌓은 듯 펼쳐져 있고, 거대한 해안 동굴이 곳곳에 형성되어 있다. 이곳은 다양한 이야기와 함께 남원의 아름다운 경관이 어우러져 있어 탄성을 자아내는 곳이기도 하다. 이 길을 산책하다 보면 산책로를 둘러싼 좌우 나뭇가지 사이로 한반도 지형을 그대로 옮겨 놓은 듯한 숲 터널을 볼 수 있어 지나가는 탐방객들에게 즐거움을 주고 있다. 금호리조트에 주차한 후 해안가로 걸어오면 20분 정도의 산책 코스가 기다리고 있다. 큰엉에서 쇠소깍까지는 올레 5코에 포함된다.

주소 서귀포시 남원읍 남원리 2384-1
문의 064-760-4151
입장료 무료
주차비 무료

해안 절경

한반도 모양의 숲 터널

❖
❖

용두암과 용연

용두암(龍頭巖)은 검은 현무암으로 태곳적부터 형성되었다. 높이 10미터 가량으로 파도와 바람에 씻겨 빚어진 모양이 용의 머리와 닮았다 하여 불린 이름이다. 제주공항에서 15분 거리에 있어 즐겨 찾는 관광 명소이다. 용두암에 얽힌 두 가지 전설이 전해진다. 한라산 신령의 옥구슬을 훔쳐 달아나던 용이 활에 맞아 바닷가에 떨어지면서 몸만 바닷물에 잠기고 머리는 하늘을 보는 상태로 굳어져 용두암이 되었다는 전설, 그리고 용이 되어 승천하는 것이 소원이었던 백마가 장수의 손에 잡혀 그 자리에서 바위로 굳어졌다는 전설이 있다. 용두암 부근에는 용연 구름다리가 있다. 이곳은 해수와 담수가 만나는 곳이며, 산에서나 볼 수 있는 기암절벽을 바닷가에서 볼 수 있어 운치를 더해준다.

주소 제주시 용담2동
문의 064-728-3928
입장료 무료
주차비 30분에 500원을 기본으로 하고 15분 초과할 때마다 300원 추가

용연은 연못의 양쪽에 8개의 바위벽이 병풍처럼 둘러싸고 있는 좁은 계곡이다. 전설에 의하면 이 계곡에 용의 사자가 드나들었다고 전한다. 영주 12경 가운데 하나인 '용연야범'이라고 불리는 곳이다.

용연의 구름다리

제주의 물과 바람을 사진으로 그리다

김병국

제주에서 태어나 경성대학교 예술대학 사진학과 졸업했고, 동 대학교 멀티미디어대학원에서 사진학으로 석사학위를 받았다. 대학을 졸업한 후 귀향하여 제주관광대학 방송영상과 겸임교수로 강의를 시작했으며, 개인전 6회와 다수의 그룹전으로 작품 활동을 했다. 현재 제주한라대학교에 출강하고 있으며, 제주미디어센터 · 제주설문대여성문화센터 · 제주방송통신대학교에서 일반인들을 대상으로 강의를 하고 있다. '김병국 사진연구실'을 운영하면서 미술 작품을 전문적으로 촬영하고 있으며, 제주의 예술인들과 소통하는 작업에 열중하고 있다.

사진은 기록한다.

사진은 기억이 된다.

사진은 추억이 된다.

내가 그 곳에 있었기 때문이다.

기억을 프레임에 담았다.

〈바다 보다〉, Pigment Print, 2009

〈바다 보다〉, Pigment Print, 2011

제주의 바다를
초록으로, 순백으로
그림을 그리듯 사진을 찍다

김병국, 그는 제주 토박이 사진작가다.
제주 바다는 그에게 유년의 기억이자
늘 그를 설레게 만드는 연인이기도 하다.
그의 카메라 셔터는
해풍에 성난 파도의 마음을 잠재우는 자장가!
그래서 바다는 그가 원하는 대로 고요하다 못해 숨죽이며
한없이 푸르게 푸르게 초록으로 피어난다.

작가의 작업실

〈바다 보다〉, Pigment Print, 2010

〈바다 보다〉, Pigment Print, 2010

고요한 바다에 떨어지는 빗방울조차도

조용히 부드럽게 떨어지는 사랑의 속삭임!

그래서 바다는 그 깊이를 알몸으로 드러내며 하늘을 담아낸다.

바다와 하늘이 서로를 품으며

그 둘이 하나였던 태초의 언어를 감지하게 한다.

김병국의 바다는

때로는 초록으로,

때로는 순백으로 그려진다.

누가 사진을 찍는다고 하는가.

김병국의 바다는 그의 바다 사랑으로 그려진다.

하진희 (제주대학교 미술학부 강사)

〈바다 보다〉, Pigment Print, 2009

〈바다 보다〉, Pigment Print, 2010

〈바다 보다〉, Pigment Print, 2010

〈바다 보다〉, Pigment Print, 2009

〈바다 보다〉, Pigment Print, 2011

〈바다 보다〉, Pigment Print, 2009

잔잔한 바다
거친 숨을 쉬는 바다
바다의 속삭임에 귀 기울인다.

〈바다 보다〉, Pigment Print, 2009

사진을 '찍는' 순간이 아니라
사진을 '그리는' 마음으로
제주 바다의 작은 변화를 이해하고
교감하며 그 바다를 담는다.
내 안의 작은 풍경을 사진에 그리다.

– 작가 노트에서

해안도로를 따라가다

제주의 해안도로는 검은 현무암의 공포와 푸른 바다의 시원함이 공존한다.
드라이브 코스로도 종종 소개되어지는 해안도로의 산책은 제주 여행의 특권이다.
서쪽의 용담 해안도로, 애월 해안도로, 협재 해안도로, 한담 해안도로,
동쪽의 종달 해안도로, 동북-김녕 해안도로, 세화 해안도로,
남쪽의 사계 해안도로, 남원 해안도로 등을 따라가면서 바라보는 풍경은
풍부한 제주의 모습을 다른 시각에서 보여준다.

❖
❖
이호테우 해변

제주시 이호동에 위치한 이호테우 해변은
제주의 다른 해변에 비하면 크지는 않지
만 제주 시내에서 가깝고, 저녁의 일몰이
아름답기로 유명해서 방문하는 사람들이
많은 편이다. 빨간 목마 등대와 하얀 목마
등대는 이곳의 상징물이다. '이호테우'라
는 이름에서 '테우'는 제주도 전통 고기잡
이 배를 말한다. 이곳은 과거에는 민물과
바닷물이 만나 숭어 등 물고기를 잡기 위
해 낚시가 성행했고, 모래를 파면 조개도
잡히던 곳이었다. 하지만 최근에는 바람

과 조류의 변화로 모래가 유실되어 해변
으로서의 기능은 다소 떨어지지만, 해변
근처에 10분 정도 걷기에 좋은 소나무 산
책로가 있고, 숲이 끝나는 지점에 야영장
도 조성되어 있다.

주소 제주시 이호동 1600
문의 064-728-4923
입장료 무료
주차비 무료

이호 테우의 빨간 목마 등대와 하얀 목마 등대

해질녘의 하얀 목마 등대

245

❖
❖

구엄포구 돌염전

예로부터 구엄마을 포구 서쪽에서는 평평한 천연암반을 이용하여 소금을 생산하던 돌염전이 있었는데, 이를 소금빌레라고 불렀다. 1,500여 평 규모의 소금빌레에서 생산되는 소금의 양은 1년에 17톤 정도에 달했고, 1950여 년까지 명맥이 유지되었다. 평평한 암반 위에 황토색의 낮은 두둑을 쌓고, 바닷물을 가두어 소금을 생산했다. 4월부터 돌소금 생산이 시작되는데, 이때부터 암반이 뜨거워지기 때문이다. 햇빛과 바람과 기온이 돌소금의 품질을 좌우하는데, 이렇게 해서 만들어진 천일제염은 2개월 정도의 생산기간을 거쳐 6월이면 출하되었다. 제주도 23개의 염전 중에서 4위를 차지할 정도로 생산량이 많았다. 현재는 구엄포구 일대에서 그 흔적을 찾아볼 수 있고, 근처에 현무암으로 쌓아 올린 옛 등대(도대불)가 남아 있다.

주소 제주시 애월읍 구엄리 607-5
문의 064-713-2239
입장료 무료
주차비 무료

구엄포구의 옛 등대인 도대불. 도대불은 어부가 고기잡이를 마치고 밤중에 집으로 돌아올 때 안전하게 포구를 찾아 돌아올 수 있도록 호롱불을 밝혀 길잡이를 해주던 등대를 말한다

❖
❖

고내포구의 다락쉼터

고내포구는 올레 16코스의 시작점이다. 해안길을 따라 구엄 돌염전과 항몽유적지를 둘러볼 수 있는 이 코스는 제주 북서쪽의 오래된 풍광들을 마주할 수 있는 곳으로, 6시간 정도 소요된다. 이 올레길이 부담스럽다면, 애월읍 구엄포구(0.8km) → 돌염전(1.5km) → 남또리쉼터(1km) → 신엄 도대불 · 신엄포구(0.5km) → 남두연대(0.5km) → 다락쉼터(0.5km) → 고내포구로 이어지는 1시간 정도 거리의 엄장해암길을 산책해보는 것도 좋다. 이 구간은 제주의 북서쪽 해안구간 중에서 가장 멋진 구간으로 알려져 있다. 구엄포구, 신엄포구, 고내포구를 따라 걷다 보면 정감 어린 작은 포구의 풍경이 여행객에게 새로운 기쁨을 안겨준다. 해질녘의 풍광도 아름다운 곳이다. 다락쉼터는 이 구간의 여러 쉼터 중에서 가장 크고 전망도 좋다.

주소 제주시 애월읍 고내리 462
문의 064-728-3928
입장료 무료
주차비 무료

다락쉼터의 포세이돈 큰바위 얼굴

바다가 무척 보고 싶었던 포세이돈은 해가 뜨기 전에 반드시 돌아와야 한다는 조건 하에 제우스의 허락을 받아 구름을 타고 제주로 오게 된다. 하지만 아름다운 고내리 바다에 넋을 잃은 포세이돈은 돌아가야 할 시간을 놓치게 되고, 고향에 두고 온 가족을 보고 싶은 마음에 북태평양을 향해 머리를 두고 있다.

애월 해안도로 가운데 가장 아름다운 다락쉼터

다락쉼터 전망대에서 바라본 고내포구 전경

'애월읍경(涯月邑境) 항몽멸호(抗蒙滅胡)의 땅'이라고 쓰여 있는 표석.
'애월읍경은 몽고에 저항하고 오랑캐를 멸한 고장'이라는 뜻으로 왼쪽이 최영 장군, 오른쪽이 김통정 장군
이다. 진도에서 패한 후 김통정 장군은 나머지 삼별초를 이끌고 제주로 내려와 항몽투쟁을 전개했고, 최영
장군은 여몽연합군을 이끌고 삼별초를 섬멸하러 제주로 왔다. 동지에서 적으로 갈라섰던 그들이 나란히
함께 서 있다. 김통정 장군은 항파두리에 성을 쌓고 끝까지 저항했지만, 1273년 마침내 더 이상 버티지
못하고 남은 부하 70명과 함께 한라산으로 들어가 자결함으로써 삼별초의 역사는 끝이 났다.

재일 고내인 시혜 불망비(在日 高内人 施惠 不忘碑).
일제 강점기에 고내리에는 생계를 위해 일본으로 건너간 사람들이 많았는데, 불망비 뒤에는 고향을 그리
워하다 돌아오지 못한 고내인들의 이름으로 가득하다. 고향을 그리워하는 마음을 새겨 넣은 불망비가 고
내리 바다를 바라보며 서 있다.

❖
❖

애월 해안도로

제주시의 용두암을 기점으로 크게 11군데의 해안도로 코스가 있다. 그중 제주 북쪽 해안 중에서 가장 멋진 드라이브 코스가 애월 해안도로이다. 애월 해안도로는 하귀리에서 시작해 애월항까지 이어지는 도로를 말한다. 애월항은 조천항과 더불어 제주의 관문이었다. 애월항에서 북쪽으로는 '관탈도'라고 불리는 무인도가 있다. 옛날 제주로 유배 오는 선비들이 이곳에서 관복을 벗은 다음 제주로 들어왔다고 하여 붙여진 이름이다. 애월항 근처 애월 해안도로 끝에 '카페 봄날'은 최근 젊은 여행객들 사이에서 가장 유명한 곳이다. 통유리를 통해 바라다 보이는 바다를 보기 위해 이곳을 찾는 수고로움이 결코 헛되지 않을 정도로 아름다운 애월의 바다를 선사한다.

주소 제주시 애월읍 애월리 2540
문의 064-799-4999
입장료 무료
주차비 무료

애월의 바다를 가장 가까이 느낄 수 있는 봄날 카페

하염없이 바리만 보고 싶은 바다

협재 해변

에머랄드 빛 겨울바다와 비양도가 보이는 협재 해수욕장은 일몰 명소로 유명하다. 애월 해안도로와 애월읍에 있는 항몽 유적지, 천연기념물 342호로 지정된 발레못 동굴, 잣도리 말방아, 봉수대 기능을 가진 애원연대와 남두연대 등을 관람한 후 협재 해수욕장의 일몰을 관람하는 방법을 추천한다. 이곳에는 세 개의 굴이 있는 것으로 유명한데, 그중 천연기념물 제236호로 지정된 협재굴은 종유석으로 이루어진 용암굴로 돌소금동굴, 유고의 해

중석회동굴과 더불어 세계 제3대 불가사의 동굴로 꼽힐 만큼 유명한 곳으로 한림공원 내 관람코스를 따라 관람할 수 있다. 협재 해수욕장에 아름다운 일몰이 시작되면 황혼의 아름다움을 즐기려는 사람들이 많아 주변에는 관광객을 위한 편의시설들이 잘 갖추어져 있다.

주소 제주시 한림읍 협재리 2497-1
입장료 무료
주차비 무료

일몰 전의 협재 해변

비양도가 보이는 협재 해변의 아침

❖
❖

월정리 해변

광해군 유배의 첫 기착지이기도 한 월정리는 예로부터 무주애 또는 무주개라고 불리던 곳인데, 약 400여 년 전부터 김해 김씨가 들어와 살면서 마을이 형성이 된 곳이다. 월정리는 제주에서 가장 아름다운 바닷가로 알려져 있다. 푸른 하늘과 바다가 만나 이국적인 분위기를 만들어내고, 바다를 바라보며 커피를 마시고 쪽빛 바다를 볼 수 있는 카페 거리가 유명해지면서 최근 몇 년 사이 가장 뜨겁게 달아오른 곳이다. '고래가 될 카페'에서 찍은 사진 한 장이 유명세를 타면서 젊은 연인들이 찾아오는 명소가 되었다. 월정리 해변의 터줏대감인 '고래가 될 카페'를 비롯해서 상큼한 에이드전문점 '에이드월정', 오리지널 망고 100퍼센트를 갈아주는 '봉쉡망고', 통유리 카페 '월정리로와' 등이 가볼 만한 카페로 인기를 얻고 있다.

주소 제주시 구좌읍 월정리 4-1
입장료 무료
주차비 무료

'고래가 될 카페'에서 바라본 월정리 해변

한 장의 사진으로 유명해진 '고래가 될 카페'

광치기 해변

이곳은 제주 올레 1코스의 종착점이자 2코스의 시작점이다. 최근 이곳에 여행객들이 붐비기 시작한 이유는 가장 아름다운 일출을 볼 수 있는 명소로 알려졌기 때문이다. 바닷바람으로 흩어지는 순간순간 구름의 변화와 햇살이 퍼지며 만들어내는 화려한 색이 만들어내는 황홀경은 아름다움의 감동을 전해준다. 그러나 무엇보다도 광치기 해변의 백미는 썰물 때 이끼 긴 퇴적층의 속살이 드러날 때이다. 이 낯선 매력은 태곳적의 신비를 느끼게 하기에

충분하다. 광치기의 어원은 물살이 심한 바다에 나가 조업을 하던 어선이 풍파를 만나 난파되는 바람에 해변으로 떠밀려온 어부들의 시신을 관에다 수습하던 곳이라 해서 '관치기'라고 부르다가 제주어인 '광치기'로 되었다고 한다.

주소 서귀포시 성산읍 고성리 224-33
입장료 무료
주차비 무료

썰물이 되어 바닥을 드러낸 해변 절경

해변의 현무암층

남원 해안도로

비 오는 날, 남원 해안도로를 걷다 보면 검은 현무암들이 하얀 포말을 일으키며 달려오는 파도에 부딪혀 흑과 백의 대비를 이루어낸다. 그리고 그것은 공포의 이미지로 다가오기도 하지만, 이내 알 수 없는 매력에 끌려 멈추어 서게 만든다. 아마도 그 매력이란 알 수 없는 아름다움이라고밖에 표현할 길이 없다. 이곳의 아름다움이 더욱 유명해진 것은 '카페 서연의 집'을 방문하는 이들이 많아지면서이다. 영화 〈건축학개론〉의 촬영지인 이곳을 찾는 이유는 이 공포스러우면서도 아름다운 바다를 보기 위해서라고 해도 좋다. 그만큼 제주의 색다른 모습과 마주할 수 있는 곳이다.. 화산섬 제주를 제대로 느끼기에 이처럼 열린 공간은 없을 듯하다.

주소 서귀포시 남원읍 위미리 2975
문의 064-764-7894
주차비 무료

위미항의 빨간 등대

'카페 서연의 집'에서 바라본 위미리 해안

제주 건축에 철학적 해석을 부여하다

양 건

연세대학교 건축공학과를 졸업하고, 동 대학원에서 박사과정을 수료하였다. 아키플랜 종합건축사사무소와 아키피아 건축사사무소에서 실무를 익히고, 1998년 제주에 가우건축사사무소를 설립하여 15년 동안 제주 건축을 위해 고민했다. 제주대학교 겸임교수 및 제주특별자치도 건축위원으로 활동 중이며, 한국건축가협회 제주건축가회 회장을 역임하였다. 주요 작품으로는 '제주아트센터', '제주명품사옥', 'NXC 센터', '탐라문화광장', '서귀포 다목적 체육관' 등이 있다. 2013년 'NXC 센터'는 제주건축문화대상 최고상인 대상을 받았다.

작가는 NXC센터의 별칭을
'호모 루덴스 실바(Homo Luden's Silva)'로 붙였다.
'실바'는 고대 그리스의 '숲의 신'이다.
그리하여 건축의 애칭인 '호모 루덴스 실바'는
'놀이하는 인간 종족의 시원의 숲'이라는 의미가 된다.
넥슨컴퓨터박물관은 본격적으로 놀이를 즐기는 공간이다.
놀이하는 인간 호모 루덴스가 재미를 추구하는 기업이미지와
만나 건축의 개념으로 들어왔다.

넥슨컴퓨터박물관 전경 ⓒ 윤준환

넥슨컴퓨터박물관 주 출입구 측면 ⓒ 윤준환

'호모 루덴스'라는 개념을
건축학적으로 해석하여
철학적 개념을 창출하다

　　건축을 대체 불가능한 산물이나 사유의 기호로 이해하는 것은 어렵지
않다. 그러나 건축을 대체 불가능한 산물이나 사유의 기호로 만들어내는
작업은 지독할 정도로 어려운 작업이다. 그 지독한 작업을 견딜 수 있는
건축가도 많지 않고, 제주에는 더욱이 적다. 물성으로 존재하는 건물이 건
축이라는 사유의 기호가 되는 작업이 그토록 지독한 이유는, 그 작업을 수
행하는 건축가에게 가혹하리만큼 고통스런 사유와의 사투를 주기 때문이
다. 날마다 독수리에게 간을 쪼아 먹힌 프로메테우스와 같다고 할까.

넥슨컴퓨터박물관을 감싸고 있는 해송림 ⓒ 윤준환

넥슨컴퓨터박물관 부 출입구 ⓒ 윤준환

　건축을 사유의 기호로 만드는 사유의 과정에는 해석과 개념이라는 독수
리가 존재한다. 이 해석과 개념의 독수리를 잡지 않고 건축을 대체 불가능
한 산물로 만드는 것은 불가능하다. 건축가의 손에 수많은 상처가 남더라
도 이 두 마리의 독수리를 잡아야 한다.

　건축에서 개념은 하나의 족쇄와 같다. 아니면 학생 때부터 괴롭혀온 악
마일지도 모른다. 건축가는 항상 두 가지 선택지를 받는다. 개념을 피할
것인가, 아니면 맞설 것인가. 두 가지 선택 중 하나를 해야 한다. 건축가가
개념을 잡기로 선택하였다면, 이제 그 선택지는 문제지가 된다.

넥슨컴퓨터박물관 메인홀 ⓒ 윤준환

넥슨컴퓨터박물관 내부 전시관 출입구 © 윤준환

'호모 루덴스 실바(Homo Luden's Silva)', 제주에 짓는 'NXC센터'라는 문제지에 적힌 개념이다. 호모 루덴스 실바는 단어 자체로도 이해하기가 쉽지 않다. 개념을 풀어 '놀이하는 인간의 시원적 숲'이라고 설명해도 그 이해는 쉽지 않다. 쉽지 않기 때문에 흥미를 끈다. 또한 호모 루덴스 실바라는 개념 뒤에 있는 건축가의 수고도 읽혀진다.

건축가 양건이 처음 주목한 것은 넥슨이라는 회사였다. 그리고 그 회사 홈페이지에 있는 'Global FUN Leader'가 눈에 들어온다. 그 후 그는 'FUN', '재미'란 무엇인가?에 주목한다. '무엇인가'라는 질문 앞에 추상명

사가 붙으면 그에 대한 답은 찾기 어렵다. 사랑이란 무엇인가?, 건축이란 무엇인가?처럼 명확한 답과 정의를 내릴 수 없다. 그 해답의 과정에는 해석이 필요하다. 그리고 이 해석은 스스로 질문하고, 해답을 찾으며 질문을 줄여나가면서 다시 해답을 찾는 무한반복의 과정을 거쳐야 한다. 개념을 잡기 위해 해석이라는 지독한 과정을 거쳐야하는 것이다.

건축가가 재미이론을 뒤지고, 회사가 가진 키워드를 찾았던 모든 과정은 답을 얻기 위해 질문을 줄여나가는 과정이었다. 결국 재미로부터 '놀이하는 인간'을 찾고, 1938년 요한 하위징아의 '호모 루덴스'와 연결시킨 것은 개념에 대한 해석의 과정이었다. 곧 '호모 루덴스'는 건축가의 직관적 개념이 아니라 해석된 개념이었다.

건축가 양건은 '호모 루덴스'라는 해석된 개념에 '실바', '숲'이라는 해석을 덧붙인다. 그는 해석된 개념을 재해석해 다른 층위의 개념에 위치시킨다. '실바'는 도대체 어디에서 나온 것인가. 그는 놀이하는 인간에는 세 가지 서로 다른 층위가 있다고 생각했다. 첫째는 게임을 즐기는 'User', 둘째

내부의 전시 공간 ⓒ 윤준환

는 게임을 만드는 'Worker', 셋째는 이 둘 사이에 존재하는 'Visitor'이다. 그는 이 세 개의 층위에 있는 사람들이 겹칠 수 있는 공간적 개념이 필요했고, 그 겹쳐진 공간적 층위를 '놀 줄 아는, 즐길 줄 아는 사람들의 숲'이 되길 바라는 마음에서 '실바'라는 개념을 가져온다. 해석된 개념인 '호모 루덴스'에서 놀이하는 인간의 세 층위를 발견하고, 이를 재해석해 '실바'를 가져와 '호모 루덴스 실바'라는 개념을 만든 것이다.

'호모 루덴스 실바'라는 개념이 NXC센터에 맞는 개념인가라는 질문은 무의미하거나 우매한 질문이다. 중요한 것은 그 개념을 만들기 위해 지독한 해석의 과정을 거쳤다는 것이다. 해석과 개념이라는 지독한 사유의 과정을 거쳐 개념이 만들어졌다라는 사실이 더 중요하다. 제주에서 이토록 지독하게 사유하는 건축가를 만나기는 쉽지 않다. 이제 남은 것은 하나이다. 개념에 형태를 부여하는 것이 건축이라면, 이제 이 개념에 어떤 형태를 어떻게 부여할 것인가가 문제로 남는다. 만약 개념과 형태가 분리되어 있다면 그 개념은 관념의 유희가 되고 형태는 사물이 될 것이다.

NXC센터의 박물관동은 원래 타원형으로 계획되었다고 한다. 사각형의 연구동과 기하학적 긴장감을 높이기 위해 타원형으로 박물관동을 만들려고 했던 것이다. 그러나 건축주의 의견과 전시에 적합한 평면 구성을 위해 결국 박물관동도 사각형 입방체가 되었다. 박물관동이 사각형 입방체가 됨으로써 두 건물 사이의 긴장감이 사라졌을까. 결과적으로 볼 때 그 긴장감은 더 내밀해졌다. 의도하지는 않았지만 두 개의 사각형 입방체가 만드는 긴장감은 경관 속에서 서로를 더 당기고 있다.

박물관동 입방체는 1100도로 축에 따라 놓여 있다. 반면 연구동 입방체는 1100도로와 45도 각도로 놓여 있다. 두 입방체 사이의 엇갈린 축이 만들어낸 틈 사이에는 경관이 채우고 있다. 흥미로운 것은 엇갈린 두 개의 입방체 축을 박물관동 스스로 강조하고 있다는 점이다. 박물관동의 1층에 있는 사각형 테라스는 보란 듯이 연구동 입방체의 축을 따르고 있다. 이 때문에 박물관동은 두 개의 축을 가지게 되는데, 하나는 1100도로의 축이며, 다른 하나는 연구동의 축이다. 이 두 개의 축이 박물관동에 공존한다.

박물관동은 외적 형태는 닫힌 구조를 지향하지만 내부 공간은 열린 구조를 지향한다. 지하 1층과 1층을 관통하는 열린 공간의 입구 구성과 로비를 가르는 경사진 벽의 볼륨은 박물관동 공간의 지향점이 닫힘이 아니라 열림을 지향하고 있음을 말하고 있다. 이러한 점에서 박물관동은 건축이 공존하는 다양한 방식을 담고 있다. 외적으로는 연구동 입방체와 공존하며, 내적으로는 닫힌 형태와 열린 공간이 공존하고 있다. 서로 다른 악기가 공존하며 소리의 긴장감을 이끌어 내는 사물놀이처럼, NXC센터는 서로 다른 입방체, 엇갈린 축, 닫힌 형태, 열린 공간이 상호 공존하며 경관 속에서 긴장감을 이끌어내고 있다.

건축에는 아름다운 침묵이 있다. 건축은 무엇을 나타내거나 표현하지 않더라도 그 자체로 존재한다. 건축은 이 침묵의 고요함 속에 산다. 건축가의 사명은 이 고요함에 감흥을 부여하는 것이다. 뜻하지 않더라고 건축을 통해 시적 감흥을 느낄 수 있는 것은 건축이 가진 아름다운 침묵 때문이다. NXC센터는 그 침묵이 무엇인지를 보여준다.

김형준 (제주대학교 건축학부 교수)

주 재료인 멀티 코팅 유리는 투명성으로 자연과 일체화시키고 있다. ⓒ 윤준환

유리 천장의 밝음이 넥슨컴퓨터박물관 내부를 열린 공간으로 이끌고 있다. © 윤준환

현대건축을 탐험하다

제주 전통 가옥은 현무암으로 쌓은 돌담으로 에둘러지고 안채와 바깥채를 둔다.
현대건축은 노출 콘크리트로 대변되는데, 최근 제주에도 현대건축의 바람이 불었다.
세계적인 일본인 건축가 안도 다다오의 글라스하우스와 지니어스 로사이,
그리고 아미타 준의 방주교회와 포도호텔 등은 아름다운 제주 건축물에 선정되었다.
자연을 품고 있는 이들 건축물들은 은유와 상징을 불어넣어 철학을 담아낸 점이 돋보인다.
폐교를 밝은 파스텔 컬러로 바꾼 더럭분교는 건축의 힘이 무엇인지를 느끼게 한다.

❖
❖
다음 스페이스닷원

건축가 조민석에 의해 설계된 이 건축물은 제주로 본사를 옮긴 다음 커뮤니케이션의 신사옥으로, 한라산 중턱 중산간에 위치해 있다. 자연과 어우러진 곡선의 형태에 기둥이 자연스럽게 천장과 연결되는 구조로 벽면 없이 유리를 사용하여 개방감을 주었다. 외벽은 화산송이의 질감과 색을 표현한 컬러콘크리트 건축물이다. 일반인은 카페, 타임라인관, 멀티관을 방문할 수 있다. 제주도의 산, 바다, 화산 동굴 등 제주도만의 자연환경을 건축설계에 담아냄으로써 2012년 한국건축문화대상과 한국건축가협회상을 받았다. 21세기 기업이 추구하는 이상적인 소통과 개방 문화를 담은 공간으로 제주도에서 가장 멋진 건물로 손꼽히고 있다. 노트북을 펼치고 있는 돌하르방도 인상적이다.

주소 제주시 영평동 2181
문의 064-1577-3321
입장료 무료
주차비 무료

타임라인관 앞에 그려진 미로

벽면 없이 유리를 사용한 건물 외관 상층부

❖
❖

글라스하우스

제주 관광의 유명한 명소인 섭지코지에는 세계적인 일본인 건축가 안도 다다오에 의해 설계된 두 개의 건축물이 눈에 띈다. 글라스하우스와 지니어스 로사이가 그것 이다. 바닷바람과 태양의 정기를 담아내 기 위해 유리라는 재료를 사용한 글라스 하우스는 섭지코지 앞바다를 향해 정동향 으로 팔을 벌린 기하학적인 형상을 하고 있다. 성산일출봉과 섭지코지의 아름다운 자연 풍경을 있는 그대로 담아낸 점이 인 상 깊은 건축물이다. 1층은 지포뮤지엄,

2층은 레스토랑 민트를 갖추고 있다. 2층 레스토랑은 전망대로 활용되어 성산일출 봉과 섭지코지가 한눈에 내려다보인다. 섭지코지의 꽃이라 불리는 글라스하우스 는 제주에 오면 꼭 들려야 할 명소 중의 명소로 알려져 있다.

주소 서귀포시 성산읍 고성리 46
문의 064-731-7830
입장료 무료
주차 섭지코지 및 휘닉스 아일랜드 이용

글라스하우스와 섭지코지 등대

섭지코지에서 바라본 글라스하우스 전경

❖
❖
❖

지니어스 로사이

'지니어스 로사이(Jinius Rosi)'는 '이 땅을 지키는 수호신'이라는 이름을 가진 건축물로 세계적인 일본인 건축가 안도 다다오에 의해 설계되어 2008년 개관했다. 선과 면의 평행적인 배열을 통해 나타나는 공간의 원근감과 바람과 물, 돌의 조화로움, 자연을 담아내는 신비로운 건축물이다. 안도 다다오의 건축은 자연 그 자체를 건축 구조로 연결시킨다는 특징이 있는데, 자연 그 자체가 건축물이 되거나 건축 구조가 된다. 제주 현무암과 노출 콘크리트에 의해 만들어진 건축물이지만, 자연의 경관을 빌려와 경관으로 만드는 '차경' 건축 기법을 활용한 점이 눈에 띈다. 성산출봉이 보이는 섭지코지 위에 설계함으로써 유명한 명소로 알려져 있다.

주소 서귀포시 성산읍 고성리 127-2
문의 064-731-7791
입장료 어른 4,000원 | 청소년 4,000원
주차 섭지코지 및 휘닉스 아일랜드 이용
이용 시간 9:00~18:00

지니어스 로사이 매표소 입구

지니어스 로사이로 걸어가는 길은 가장 제주스러운 길이다.

양쪽 벽을 타고 내리는 물은 지니어스 로사이의 핵심으로, 이 물 터널을 통해 지하 미술관으로 안내된다.

제주의 돌과 현대의 노출 콘크리트가 만나 성산일출봉의 바깥 풍경을 차경으로 해서 그림 액자처럼 담았다.

건축이 하나의 작품임을 보여주는 구조이다.

방주교회

일본의 세계적 건축가 아미타 준이 설계했다고 해서 더욱 유명해진 교회로, 노아의 방주를 모티프로 해서 건축되었다고 한다. 정면 위쪽에 위치한 가운데 창의 틀을 십자가로 표현함으로써 십자가 없는 교회로 알려져 있다. 물 위에 방주가 떠 있는 형태로 물과 빛, 나무와 반짝이는 금속으로 만들어진 성전 건축물이다. 아미타 준은 건축과 미술의 경계를 넘나들며 컴퓨터 설계가 아닌 수작업 드로잉으로 건축에 온기를 불어넣는 몇 안 되는 건축가라는 평가를 받고 있다. 교회 개방시간은 평일 오전 10시~12시, 오후 1시~4시이며, 월요일과 공휴일은 쉬고, 토요일은 오전만 개방한다. 근처 카페에서 방주교회를 감상하며 차 한 잔 즐기는 여유를 부려도 좋겠다.

주소 서귀포시 안덕면 상천리 427
문의 064-794-0611
입장료 무료
주차비 무료

방주교회 측면 전경

노아의 방주에서 모티브를 가져온 건축은 거울 연못을 통해 물의 이미지를 건축과 조화시켰다.

더럭분교

제주시 애월읍 하가리의 더럭분교는 폐교
위기에 처했던 학교를 마을 사람들이 '학
교 살리기'에 나서 성공한 사례로 이제는
전국적인 관심을 끄는 학교로 거듭나고
있는 곳이다. 프랑스의 세계적인 컬러리
스트이자 디자이너인 장필리프 랑클로가
스마트폰 회사와 진행한 프로젝트로 인해
건물은 알록달록 무지개색으로 칠해져 사
랑스러운 공간으로 재탄생했다. 아이들의
꿈과 희망의 색을 주제로 무지개빛 밝은
색채가 건축의 새로움을 부여했다. 사진
찍기에 가장 좋은 장소로 알려져 사진가
들의 사랑을 받는 장소이기도 하다. 또한
하가리 연꽃마을이 근처에 있어 연꽃이
필 무렵 가면 그 화려함을 더욱 잘 느낄
수 있는 곳이다. 아이들의 행복한 웃음소
리가 운동장에 가득 퍼지기를 바란다.

더럭분교의 학교종

주소 제주시 애월읍 하가리 1580-1
문의 064-799-0515
주차비 무료

알록달록 밝은 색상으로 아이들의 꿈과 희망을 담았다.

무지개색 수돗가에서 바라본 급식실

신화의 땅 제주에서 인도적 삶을 꿈꾸다

하진희

홍익대학교 산업미술대학원과 인도 국립대학교 비스바바라티 대학원에서 미술사학으로 석사학위와 박사학위를 받았다. 인도 미술에 홀리어 20여 년 동안 인도를 오가면서 2천여 점에 이르는 인도의 다양한 미술품을 수집하였다. 인도 미술 수집품으로 제주대학교박물관, 청계천문화관, 국립민속박물관, 제주도립미술관 등에서 '인도신화전'을 개최하여 인도 문화를 알리는 데 힘써왔다. 현재 제주대학교 미술학과에서 후학들을 가르치고 있고, 인도 관련 강의와 글을 쓰며 활동하고 있다.

그는 그 거대한 인도 박물관을 한국에,

그것도 작고 구석진 제주도에 옮겨 놓고 싶어 한다.

신화와 민화는 제주도에도 인도에도 있지만,

3천 년의 인간 사회를 담은 인도민화의 순수함을 살리고 싶어서다.

그만큼 불교미술사 연구에서 시작된 그의 인도 탐구는

종교와 문화를 넘어 인간애로 들어갔다.

피리부는 크리슈나 신

작가의 거실은 인도 왈리 부족의 민화로 가득 채워져 있다.

3천 년 인간 사회 담은
'인도민화'의 순수함을
제주도에 옮겨 놓고 싶다

예술의 전당이 주관하는 '세계의 박물관 기행' 연속 강좌 마지막 '인도 박물관' 편 강사로 나온 하진희 박사는 기존 강의와 전혀 다른 접근을 했다.

"인도는 그 자체가 거대한 박물관이고 담 없는 미술관입니다."

장엄한 시설, 과학적 설치에 길들여진 박물관 조형이 편견으로 벗겨지는 순간이다. 그러면서 그는 그 거대한 인도 박물관을 한국에, 그것도 작고 구석진 제주도에 옮겨 놓고 싶어 한다. 신화와 민화는 제주도에도 인도에도 있지만, 3천 년의 인간 사회를 담은 인도민화의 순수함을 살리고 싶어

다실

서다. 그만큼 불교미술사 연구에서 시작된 그의 인도 탐구는 종교와 문화를 넘어 인간애로 들어갔다.

작가가 가장 좋아하는 한련

"인도인들에게 신의 경배는 신성한 행위이자 즐거움입니다. 인도인들에게 민화를 그리는 행위는 삶의 기쁨과 즐거움을 위해서죠. 종교에서 즐거움을 찾는 인도인의 삶을 이해하는 데 민화가 존재합니다."

5백여 점이 넘는 인도민화를 개인 소장하고 있는 하 박사는 1987년부터 줄곧 인도를 찾았다. 그가 들려주는 인도는 명상과 요가의 산실이 아니었다. 인도 민화와 공예품이 인간의 직관과 의식을 다시 보게 만들어 그렇다.

"5천 년의 전통 기법은 자신의 모든 것을 담는 행위입니다. 장난감 하나에도 혼신의 힘을 기울입니다. 생활필수품을 스스로 만들어 쓰기 때문에 최선을 다하는데, 고도의 조형 감각은 여기서 생깁니다. 인간의 직관, 조형미의 완벽성을 인도민화에서 발견하는 이유입니다."

인도에서 민화는 누구나 자신이 좋아하는 신을 그리는 행위다. 인도인은 그런 만큼 당당하게 전통을 지키며 고도문명과 더불어 살아간다. 그렇게 민화를 그리며 자신이 신화 속의 주인공이 되어 이야기 속의 삶을 살아가는 느낌을 받는다. 그는 이런 인도인의 생활 속 민화를 줄곧 관찰하고 연구했다.

"어떤 지역에선 매일 아침 자신의 집을 찾아오는 신을 맞이하기 위해 그 집 여인이 집 입구에 새롭게 문양을 그리는 광경을 보게 됩니다. 아이들이

들락날락거리면서 금세 지워지기도 하지만 여인들의 섬세한 손길 작업은 끝까지 이어집니다. 이를 통해 자신의 신에 대한 사랑과 경배를 표현하고, 이는 결국 자신과 가족에 대한 사랑의 행위입니다."

인도 여인들이 민화 그리기에 열정을 바치는 이유는, 민화에 그려진 신이 그때부터 생명을 부여받아 자신들과 함께 살아간다고 생각하기 때문이다. 의례적 숭배에는 동질감과 신심이 병행된다. 신화의 내용을 그리면서 창작 행위를 하는 것이 아니라 그저 놀이이고, 신성하지만 유희로서 일상에 자리 잡고 있다. 그런 인도 여인들의 일상을 깊이 관찰하면서 3천 년 이상을 변함없이 이어져 온 삶의 기록을 민화 수집으로 역추적했다.

"인도란 명상의 나라가 아니라 신화가 살아 숨 쉬며 종교도 놀이로 즐깁니다. 소꿉놀이로 종교를 재미있게 받아들이기에 인도인은 개종을 안 합니다. 그렇게 자라 어른이 돼서도 재미있는 유희로서 종교가 있습니다. 인도인에게 힌두교는 그런 인간 삶의 존재입니다."

라자스탄 여인들의 수공예품인 새 장식

민화로 그려진 공작과 철로 만들어진 공작이 아름답게 장식되어 있다.

그는 원래 고려 불화와 아잔타 불화의 비교연구가 주 전공이다. 인도 국립 비스바바라티대학에서 이 연구로 석사와 박사학위를 했다. 당초 불화 연구에서 인도인의 무한한 에너지는 도대체 어디에서 나오는가를 찾다가 인도 신화와 민화를 만났다. 한국에서 비현실주의로 알았던 인도가 직접 연구를 통해 생존 에너지를 발견하고 작은 점을 찾기 시작했다. 극점은 바로 인도인의 생활 속, 그것도 인도 여인의 일상에 있었다.

최초 인도 방문지였던 샨티니케탄은 전형적 교육도시였고, 독특한 대안 교육에 매료돼 인도 장기 유숙자가 됐고 유학생으로 변신했다. 콜카타 인근의 샨티니케탄은 노벨상 시인 타고르가 세운 교육도시이다. 시성(詩聖) 타고르는 마음과 영혼을 학생에게 바치는 헌신적 교사를 '구르'라고 불렀다. 타고르는 교사가 학생을 가르치면서 기억이나 사실 등의 지식을 단순하게 전달하는 데 그칠 것이 아니라 선생의 영혼과 함께 주어져야 한다는 원칙을 고수했다. 규칙보다 자율이 학교의 규범이었고, 즐거운 놀이터였다. 노벨상금으로 운영되던 초기 학교 아슈람(전통학교)은 세계와 교류하며 영적·지적으로 자유로워지고 배움을 통해 세계가 하나 되는 타고르의 건학정신을 실행했고, 차후 국립 비스바바라티 대학으로 성장했다.

　그가 한국에서 대학원까지 수학한 경험이 여기서 무기력해졌다. 동양미술사의 오른다 교수는 시험 시간에 문제를 주고 나갔다가 시간이 끝나면 걷어갔다. 인도미술사의 자얀타다 교수는 개별적 구술시험에서 영어 답변이 막히면 "공부한 것이 분명하니 천천히 생각하라"고 여유를 준다. 서양미술사의 시브쿠마르다 교수는 작품 감상 리포트에서 책을 보고 요약한 내용에 점수를 주지 않았다. 작품 감상은 오직 자기의 느낌과 생각이 기술되어야 학점이 나왔다. 외부 교수가 낸 논술식 문제로 치러지는 기말시험은 감독관이 있고 커닝하다 들키면 다음 시험 기회가 박탈되고 게시판에 이름이 올라갔다. 타고르가 만든 초기 학교에선 시험이 없었지만 1950년 국립

직접 만든 통밀빵, 딸기잼, 그리고 과일을 얹은 요거트와 당근 주스, 달걀로 차려진 작가의 아침 식단

대학이 되고 달라진 면모였다.

"대학원 첫 입학시 1년치 등록금과 도서관 이용료 등을 내고 7년을 다 녔습니다. 박사후 서류를 떼려다가 6년치가 미납된 걸 그제야 들었죠. 그 사이 학교는 고지서도 독촉도 없었습니다. 7년치가 한국의 1학기분 정도 입니다. 대학원에 등록하면 개인연구실을 주고, 학교 병원은 무료로 사용 가능하고, 학교는 사소한 비용까지 학생에게 제공합니다. 학교는 마음이 편해야 한다는 타고르의 정신이 남긴 유산입니다."

그는 여기서 평화와 영혼의 순수성을 배웠다. 미술사 연구로 원초적 삶 의 지혜를 알게 만들었다. 인도민화에는 인간 삶의 지혜가 온갖 상상력으 로 살아 있었다. 여기서 불교도 살아 있는 현장으로 탈바꿈했다. 아잔타 미술과 고려 불화는 그렇게 다시 만날 수 있었다. 지혜와 상상력 자극이란 기제로 불교와 불화를 재조명하면 훨씬 여유가 생기고 폭이 넓어졌다.

숲을 산책하는 일은 작가에게 휴식의 시간이다.

"아이들이 소꿉놀이할 때 몰입하고 행복을 느낍니다. 이런 원초적 삶의 지혜를 인도민화가 간직하고 있습니다. 화려했던 인도 고대 문명이 희미한 흔적만 남은 반면, 인도민화는 3천 년 이상을 변함없이 이어져왔습니다. 여기서 인간의 지구력과 인내심이 예술 작품의 뿌리라는 것을 다시 확인합니다."

그가 수집한 민화 외에 금속공예 5백여 점과 토기공예 5백 점에서 고대 기법은 그대로 살아 있다. 손 기술이 주는 세밀화가 정수이다. 이는 인내심이 산실이다. 어떻게 인내심이 길러질까.

"인도 여성들은 어려서부터 코바르 그림을 그리기 위해 가정에서 할머니와 어머니 혹은 이웃으로부터 그림을 배웁니다. 다 쓴 공책이나 낡은 책에, 때론 여러 장의 종이를 붙여 넓은 화면을 만들어 솥단지나 등잔의 그을음을 긁어서 소 오줌이나 아라빅 고무, 염소젖과 섞어서 물감으로 사용합니다. 붓은 볏단에서 뽑아낸 몇 개의 가는 볏짚이나 낡은 사리에서 뽑아낸

작가는 평소에도 소박한 면직물로 짠 인도 의상을 즐겨 입는다.

작가가 취미로 그리고 있는 수채화

실을 엮어 만듭니다. 훗날 자신의 남편이 될 남자에게 청혼하기 위한 코바르를 그리기 위해 연습하고, 그려진 그림은 장신구와 옷의 포장지로 사용합니다. 고대부터 현대까지 그대로 살아 있는 코바르는 세계 어느 나라의 미술사에도 그 유례가 없는 독특한 낭만의 창작입니다."

그 창작성이 인도에서 과학과 문화 강국을 만들었다고 본다. 민화에는 그림을 그리는 것을 즐기며 그 과정 자체를 기도로 생각하는 전통이 살아 있다. 신을 경배하는 것 같지만 왈리 민화에서는 자연예찬이 소중한 주제이다. 흙벽에 흰 쌀가루로 그려진 벽화에는 삶의 모든 것에 자연과 나무가 있고, 이는 이웃이며 경배의 대상이다. 자연물에 정령이 들어 있다고 생각하기에 바람이 불어와 나무를 흔드는 표현 기법은 미적

간단한 수채화 도구들

즐거움과 친근감을 동시에 제공한다.

"통상 모든 민화에서 다뤄지는 소재는 인간 삶에서 가장 소중한 순간들입니다. 민화는 고단한 일상에서 누릴 수 있는 최대한의 즐거움이자 행복입니다. 단지 인도인은 '자신의 손이 움직여서 저절로 그려진 것이지 자신이 잘 그려서가 아니라'고 생각하고 살아갑니다."

그는 오랜 회화 전통이 고대로부터 오늘날까지 그대로 전수되는 인도민화 연구에서 전통과 종교의 힘을 다시 봤고, 불교의 지혜와 그 지혜의 창의력 근원도 찾아냈다. 곧 '종교가 다양성과 부드러운 조화의 양축으로 구성됐다'란 정의다. 그 주장이 현실에서 균형을 맞춘 그의 즐거움이 바로 민화의 재발견에 자리 잡고 있다.

김종찬 (불교신문 기자)

신화와 역사를 찾아가다

삼성혈은 한반도에서 가장 오래된 제주 건국 신화가 시작되는 곳이다.
고씨, 양씨, 부씨가 삼성혈에서 용출함으로써 탐라국으로 발전한다.
제주시에는 탐라국과 관련한 많은 선사시대 유적과 유물들이 흩어져 있다.
남아 있는 또 다른 유적은 고려시대의 항몽유적지를 비롯해서
조선시대의 관덕정, 제주목 관아지, 제주성지, 명월대, 명월성지 등이다.
이 외에도 제주인의 민속 신앙의 장소인 본향당과 4·3항쟁 유적지들을 둘러볼 수 있다.

❖
❖

삼성혈

삼성혈(三姓穴)은 제주도의 고씨·양씨·부씨의 시조인 고을나·양을나·부을나의 삼신인(三神人)이 이곳에서 동시에 용출했다는 3개의 구멍을 말한다. 약 4,300여 년 전 제주도의 탄생 설화를 간직한 곳으로 한반도에서 가장 오래된 유적지이다. 삼신인은 이곳 삼성혈에서 태어나 사냥을 하며 살다가 오곡의 종자와 가축을 가지고 온 벽랑국의 세 공주와 각각 결혼하여 농경생활을 시작했고, 그 후 탐라국으로 발전했다고 전한다. 벽랑국 세 공주가 도착할 때 함께 온 말들의 발자국은 지금도 성산읍 온평리 바닷가에 남아 있으며, 삼신인이 목욕한 연못인 혼인지와 신방을 꾸민 신방굴 또한 그 자취를 보존하고 있다. 매년 삼성전에서는 삼신인의 위패를 모시고 두 번 제사를 지내고 있다.

주소 제주시 이도동 1313
문의 064-722-3315
입장료 어른 2,500원 | 청소년 1,700원
주차비 무료
이용시간 8:30~18:30

삼성혈 산책로

삼신인의 위패가 모셔진 삼성전

와흘 본향당

제주도에서는 마을의 수호신을 '본향', 신을 모신 신당을 '본향당'이라고 한다. 1만 8천 신들의 고향이라는 제주도에는 '당 오백', '절 오백'이라 하여 각 마을마다 마을의 수호신을 모시는 당이 있었는데, 그중 조천읍 와흘리(臥屹里) 본향당은 구좌읍 송당리(松堂里) 본향당과 함께 손꼽을 만한 제주 전통 신앙의 현장이다. 이곳에는 사냥을 하며 돌아다니던 백조도령이 서정승 따님애기와 혼인을 하고 이 마을에 머물면서 부부의 신이 함께 좌정했다고 전해

진다. 본향당 주변을 자못 신비스럽게 만드는 400년 넘은 팽나무 두 그루는 영험한 기운을 전해주고 있다. 이런 범상치 않은 기운 때문에 이곳을 지날 때면 아무리 높은 사람이라도 걸어서 가야 했다고 한다. 1년에 두 번 제를 올리는데, 음력 1월 14일, 음력 7월 14일이다.

주소 제주시 조천읍 와흘리 1273
문의 064-782-0391
입장료 무료
주차비 무료

와흘리 본향당 팽나무

동백나무 신목에 걸린 와흘리 본향당 물색

제주민속자연사박물관

민속자연사박물관은 크게 자연사전시실과 민속전시실로 나누어져 있다. 자연사전시실에서는 제주의 형성 과정과 관련한 내용으로 꾸며져 있는데, 화산 분출을 통해 만들어진 제주의 지질학적 역사와 동식물의 분포 등을 한눈에 알기 쉽게 보여주고 있다. 민속전시실은 두 개의 관으로 나누어져 있는데, 제주 사람의 일생과 삶의 현장에 관한 내용으로 나누어놓고 있다. 바다를 이용해 살아온 제주 사람들의 전통과 문화를 살펴볼 수 있는 흥미로운 박물관이다. 또한 2007년 '제주 화산섬과 용암동굴'이 유네스코 세계자연유산으로 등재되었고, 1층 세계문화유산 홍보전시관에서는 세계자연유산 등재 과정과 한라산, 성산일출봉의 축소 모형을 확인할 수 있다.

주소 제주시 일도2동 996-1
문의 064-710-7708
입장료 어른 1,100원 | 청소년 500원
주차비 소형 600원 | 중형 800원 | 대형 900원
이용시간 8:30~18:30

제주 전통 가옥 구조

제주 칠머리당 영등굿. 바다의 평온과 풍작을 기원하며 바다의 여신, 용신, 산신에게 제를 드리는 장면이다.

❖
❖
관덕정

제주시의 중심가에 위치한 관덕정(觀德亭)
은 제주목의 관아로 쓰이던 건물이다. 세
종 30년(1448)에 제주목사인 신숙청이 병
사들을 훈련시키기 위해서 지은 건물로
제주에 현존하는 가장 오래된 건물이다.
이중 기단 위에 정면 5칸에 측면 4칸의
팔작지붕 양식을 갖추었다. 성종 11년
(1480)에 중수되었고, 그 뒤 여러 차례의
중수를 거쳐 오늘에 이르렀다. '관덕(觀德)'
은 '평소에 마음을 바르게 하고 훌륭한 덕
을 닦는다'는 뜻으로, "활을 쏘는 것은 높
고 훌륭한 덕을 쌓는 것이다(射者所以 觀盛德
也)"라는 《예기(禮記)》의 내용에서 따온 것이
다. 선조 때 영의정을 지냈으며 이덕형의
장인이기도 한 이산해가 쓴 현판이 남아
있다.

영조 30년(1754) 경으로 추정되는 돌하르방.
제주도에서 발견된 총 47기의 돌하르방은 136~181cm로, 성문 앞
에 세워져 있었던 탓에 경계표지 또는 안전을 지키는 수호신적 기
능을 했을 것으로 추정하고 있다.

주소 제주시 삼도2동 983-1
문의 064-728-8666
입장료 무료
주차비 무료

〈도임순력행차행렬도〉에 그려진 제주목사

관덕정은 제주의 상징이자 현존하는 가장 건물이다.

관덕정 현판

제주목 관아지

제주목 관아는 관덕정과 인접해 있으며, 탐라국으로부터 조선시대에 이르기까지 여러 시기의 유적들이 발굴되었다. 탐라국 시대의 성주청(星主廳)과 조선시대의 동헌(東軒)과 내아(內衙)의 관아시설 등이 확인되어 제주 지방 통치의 정치・행정・문화의 중심지 역할을 해온 것으로 확인되었다. 병사들의 훈련장이었던 관덕정을 포함하여 목사의 집무실인 연희각(延曦閣), 연회를 베풀던 우련당(友蓮堂), 군관들이 근무하던 영주협당(瀛洲協堂), 절제사의 집무실인 홍화각(弘化閣), 휴식 공간이었던 귤림당(橘林堂), 한양의 임금에게 예를 올리던 2층 전각인 망경루(望京樓), 그리고 회랑과 노비 행랑지, 연못 등으로 구성되어 있다.

주소 제주시 삼도2동 983-1
문의 064-728-8665
입장료 어른 1,500원 ㅣ 청소년 800원
주차비 무료
이용시간 9:00~18:00

외대문

연회를 베풀고 공물을 봉진하던 우련당과 주변 연못

오현단

오현단(五賢壇)은 조선 시대에 제주도에 유배를 오거나 부임해온 관리 중에서 지방 발전에 공헌한 다섯 명의 성현을 기리기 위한 제단을 말한다. 오현(五賢)은 1520년 (중종 15)에 유배된 충암 김정, 1534년(중종 29)에 제주목사로 부임해 온 규암 송인수, 1601년(선조 34)에 안무사로 왔던 청음 김상헌, 1614년(광해군 6)에 유배된 동계 정온, 1689년(숙종 15)에 유배된 우암 송시열이다. 지금 오현단이 있는 자리는 귤림서원이 있던 자리로, 1871년(고종 8) 대원군의 서원철폐령으로 귤림서원이 헐린 뒤 1892년(고종 29) 제주 유림 김희정이 중심이 되어 귤림서원 자리에 오현의 뜻을 기리고자 조두석을 세우고 제단을 마련하여 제사를 지냈다. 오현단 주변에 제주성지가 일부 남아 있다.

오현단 입구

주소 제주시 이도1동 1421-3
문의 064-783-9900
입장료 무료
주차 동문시장 주차장 이용

오현을 기리기 위한 다섯 개의 조두석

우암 송시열이 쓴 '증주벽립(曾朱壁立)'. '증자와 주자가 벽에 서 있는 듯 따르다'라는 뜻이다.

❖
❖

제주성지

제주성의 축조 연대는 정확히 알려져 있지 않다. 고려 숙종 10년(1105) 탐라군이 설치되면서 성곽을 축성했는데, 당시 이미 존재하고 있던 탐라국의 성곽을 이용했던 것으로 추정하고 있다. 현무암으로 쌓아 올려 축조된 제주성지는 당시 길이 1,424미터에 이르렀으나, 현재는 오현단 주변에 길이 85미터, 높이 3.3미터, 폭 2미터의 일부 성곽만 남아 있다. 당시 성곽 주위에는 귤과 유자나무가 심어져 있어 가을날 귤이 익을 무렵이면 성곽 주변은 온통 황금빛으로 절정을 이루었다고 전한다. 조선시대 이한우(1818~1881)는 이 아름다운 경치를 '귤림추색(橘林秋色)'이라 하여 영주 10경에 선정하기도 하였다. 하지만 일제강점기에 성지철폐령으로 차례로 헐리기 시작하고, 1925년부터 1928년 사이에 건입동 포구 앞바다를 성곽의 돌로 매립하면서 크게 훼손되었다.

주소 제주시 이도1동 1437-6
문의 064-728-8662
입장료 무료

영주 10경의 하나인 '귤림추색'으로 알려진 옛터

현존하는 제주성지 옛 터

❖
❖
명월성지

한림읍 명월리의 명월대와 팽나무 군락으로 가는 동명4리 길목 한 쪽으로 덩그마니 성곽을 끼고 남아 있는 누각이 보인다. 제주의 현무암으로 단단히 쌓아 올린 이곳 명월성지(明月城址)는 왜구의 침입을 방어할 목적으로 만들어졌다고 한다. 중종 5년(1510) 제주 목사 장림이 비양도는 왜구가 침입하기 쉬운 곳이라고 판단해 명월포에 나무로 쌓은 성이었다. 이후 선조 25년(1592) 제주 목사 이경록이 목성을 석정으로 개축한 것이 오늘날 명월성지이

다. 성의 규모는 둘레가 1,360미터, 높이가 4.2미터이며, 동·서·남쪽에 성문이 있었다. 현재 남문과 남문을 보호하던 옹성, 남문 위의 초루, 치, 회곽도가 복원되었으며, 진성 내에 역대 만호의 이름이 새겨진 비석이 세워져 있다. 성곽에 올라가 비양도를 바라보는 의미가 있다.

주소 제주시 한림읍 동명리 2188-3
문의 064-710-3423
입장료 무료
주차비 무료

성곽에 올라서서 바라보면 멀리 비양도가 보인다.

명월대 가는 도로변 한 쪽에 위치해 있다.

❖
❖

명월대와 팽나무 군락

한림읍 명월리는 남읍리와 함께 조선 후기 이 지방 유학자들과 시인들이 어울려 풍류를 즐기던 곳으로 양반촌으로 알려진 곳이다. 이 마을에는 제주 방언으로 '폭낭' 또는 '퐁낭'이라고도 불리는 수령 100년에서 400년 된 팽나무 64그루로 이루어진 군락이 있는데, 그 사이사이에 푸조 나무, 산유자 나무, 보리밥 나무 등이 하천 양쪽을 따라 숲을 이루고 있어 아늑하고 안정감을 주고 있다. 이 숲 한 쪽에 자리 잡은 명월대(明月臺)는 옆으로 맑은 시냇물을 끼고 있으며, 수십 그루의 팽나무가 울창한 자연림을 이루고 있어 한여름 찌는 듯한 더위를 식히기에 좋은 곳이다. 또한 아담한 반달형 돌다리가 놓여 있어 운치를 한층 돋우고 있다. 이곳에서 옛날 선비들이 시를 읊으며 풍류를 즐겼다고 전해진다.

주소 제주시 한림읍 명월리 2223
문의 064-728-7614
입장료 무료
주차비 무료

수령 400년 가까이 된 명월리의 팽나무